LA COOPÉRATION DÉCENTRALISÉE DANS LE SYSTÈME DE GOUVERNANCE AU BURKINA ET AU SÉNÉGAL

Sous la direction de
Valeria Saggiomo

CeSPI
Centro Studi di Politica Internazionale

ISBN: 1540369277
ISBN-13: 978-1540369277

Merci à Claudio Landi pour l'image et le design de couverture et pour la pur la mise en pages.

TABLE DES MATIÈRES

Préambule   6

1   **LA COOPÉRATION DÉCENTRALISÉE**   8
    ET LA GOUVERNANCE LOCALE:
    ANALYSE COMPARATIVE AU
    BURKINA ET AU SÉNÉGAL *(Valeria
Saggiomo)*

2   **LA DÉCENTRALISATION ET LA**   29
    DÉCONCENTRATION AU SÉNÉGAL
    *(Magueye Thiane, Makha Sarr, Oumar
Wade, Fabio Longobardi)*

3   **LA DÉCENTRALISATION ET LA**   75
    DÉCONCENTRATION AU BURKINA
    FASO *(Adama Belemvirè)*

*Image de couverture: "Arc en Ciel",
Claudio Landi, Pikine Est, Dakar, Sénégal,
Sept. 2016*

PRÉAMBULE

Cette étude s'inscrit dans le cadre de la collaboration entre le CeSPI et le projet CONCERT-ACTION et a pour objectif de définir le parcours de décentralisation administrative des deux pays africains partenaires du projet, le Sénégal et le Burkina Faso, en mettant en évidence l'aspect de planification territoriale au niveau régional - une attention particulière est donnée à la concertation et à la participation des collectivités aux processus de développement local -, et elle entend, enfin, suggérer un modèle de soutien à ces processus par la coopération décentralisée. L'étude est divisée en quatre sections: une section d'introduction qui décrit le scénario dans lequel sont insérées les activités de coopération à l'appui des processus de décentralisation en cours en Afrique, elle décrit aussi les origines et le cadre stratégique du projet CONCERT-ACTION, de même que la structure de cette étude et la méthodologie de recherche utilisée. Suivent deux «sections pays», l'une dédiée au Sénégal et l'autre au Burkina Faso, et qui décrivent le chemin politique et institutionnel en acte dans le pays au service de la décentralisation administrative, avec une référence particulière à la question de la planification du développement local, en soulignant ses points de forces et de faiblesses. Enfin, la dernière section présente les conclusions de l'étude, avec une réflexion sur le rôle que la coopération décentralisée peut jouer en appui aux processus de décentralisation pour promouvoir une véritable participation de tous les acteurs sur la voie du développement local. La méthodologie de recherche a été basée sur la participation à l'étude d'«experts» de nationalité sénégalaise et burkinabè qui ont offert leurs connaissances du territoire et des processus politiques en acte, permettant ainsi de tracer un cadre du parcours institutionnel suivi par le pays dans le domaine de la décentralisation et de la planification locale. Les experts ont intégré leur connaissance directe à travers une série d'entretiens avec les acteurs les plus impliqués dans les processus que nous avons décrits. Dans le cas du Sénégal, l'étude a utilisé la précieuse collaboration de la CIDEL, acronyme de Connaissance Innovatrice et Développement local. Il s'agit d'un projet d'appui technique à la décentralisation financé par le Ministère Italien des Affaires étrangères et géré par la Coopération Italienne à Dakar, en collaboration avec le Ministère de l'Aménagement du Territoire et des Collectivités Locales du Sénégal.

1. LA COOPÉRATION DÉCENTRALISÉE ET LA GOUVERNANCE LOCALE: ANALYSE COMPARATIVE AU BURKINA ET AU SÉNÉGAL

Valeria Saggiomo

Par l'expression «décentralisation administrative» on entend le transfert progressif de l'autorité et de la responsabilité des fonctions publiques d'un gouvernement central à un gouvernement local qui représente mieux la participation à la vie publique des communautés locales et de la société civile. Le principal objectif de la décentralisation administrative est en fait d'assurer une plus large participation aux processus décisionnels qui affectent le développement de la communauté, et un plus grand contrôle des ressources par les bénéficiaires des interventions de développement; il s'agit, en d'autres mots, d'assurer une meilleure gouvernance locale. À l'aube des indépendances africaines, l'état était caractérisé par un haut niveau de centralisation de ses pouvoirs administratifs. Depuis les années 1980 de nombreux pays africains, soutenus par la communauté internationale, ont commencé à promouvoir une stratégie de décentralisation administrative dans le but de parvenir à une meilleure gouvernance du territoire. Il s'agit de longs processus marqués par des réformes constitutionnelles visant à redistribuer la responsabilité de planification du développement local, des ressources, de l'autorité et de l'autonomie du «centre» à la «périphérie», des mains des gouvernements centraux, dont l'autorité est souvent limité aux zones urbaines du territoire national, aux dimensions locales de gouvernance. Au fil des années, bien que des cas de décentralisation administrative en Afrique aient reçu moins d'attention du monde scientifique que d'autres zones du monde, comme l'Amérique latine, certains experts, aussi et surtout en Afrique, ont commencé à observer les réalités politiques africaines décentralisées et à réfléchir sur les résultats des processus de décentralisation en termes de participation accrue à la vie politique de la population, mais aussi de rationalisation des ressources et de promotion des modes de développement local. Selon ces observateurs, par rapport au cycle de vie des politiques de décentralisation administrative en Afrique, l'observation la plus commune semble montrer l'existence d'un écart entre les intentions et la Réalité.[1] De nombreux processus de décentralisation administrative sont annoncés par les gouvernements centraux et jamais réellement mis en oeuvre: certains processus de réforme constitutionnelle sont partiellement commencés et leur développement incomplet tend à limiter ou à bloquer le transfert réel des pouvoirs des administrations centrales aux administrations locales.[2] Dans d'autres cas, la décentralisation administrative s'enlise en raison d'un manque dramatique de liquidité due à un transfert insuffisant de ressources économiques du gouvernement central, ce qui ne permet pas d'assurer le plein exercice des tâches conférées. En outre, la capacité des gouvernements locaux à exercer la gouvernance est souvent fortement limitée par le faible niveau d'instruction des autorités locales, mais aussi par des divisions internes, de faibles compétences organisationnelles, et le manque de volonté d'organiser des rencontres pour promouvoir la participation de la société civile. Si, d'une part, on enregistre des «résistances» de la part des gouvernements centraux à céder l'autorité et les pouvoirs aux autorités locales, d'autre part les institutions locales elles-mêmes ne sont pas prêtes à se charger des tâches que le gouvernement central devrait leur conférer. Sur une période d'environ trente ans, depuis le début du processus de décentralisation administrative en Afrique, le pouvoir de l'Etat central est encore dominant, de même que le modèle politique-administratif encore fortement dépendant des décisions du gouvernement national. L'inefficacité des réformes constitutionnelles dans le domaine de la décentralisation administrative et le manque de volonté de la classe politique au niveau national à déléguer les sphères du pouvoir, a effectivement vidé de sens et de signification politique les processus de décentralisation en cours dans de nombreux pays africains. En outre, les attentes non satisfaites de la société civile, qui obtient difficilement un espace de confrontation légitime avec la classe politique et de participation aux processus de développement local, a provoqué une déconnexion progressive entre la structure institutionnelle, expression d'un gouvernement central ou local, et le tissu de la société civile. A une distance de quelques décennies, les processus de décentralisation dans de nombreux pays africains ont donc commencé à montrer leurs lacunes et ont redu nécessaire un autre processus de réforme administrative qui, dans certains cas, s'est dirigé vers une re-centralisation de la gouvernance de l'État.[3] L'Etat central joue un rôle important dans la transmission effective des pouvoirs et des responsabilités aux collectivités locales, ainsi que la communauté internationale, qui est depuis longtemps active dans le soutien et la promotion des processus de décentralisation administrative en Afrique. Les processus de décentralisation administrative en Afrique sont assurés à l'heure actuelle par plusieurs bailleurs de fonds internationaux, notamment l'Union Européenne, le PNUD (United Nations Development Programme), le IFAD (International Fund for Agricultural Development), et la Banque mondiale. Bien que la coopération bilatérale ait été très active dans le soutien à la décentralisation administrative en Afrique, en particulier avec le Danemark; ce pays, à lui seul, a contribué à 12% du financement total de la décentralisation en Afrique sub-saharienne à partir des années quatre-vingt jusqu'à au 2008.[4]

En général, on peut identifier deux principaux modèles de soutien de la communauté internationale au processus de décentralisation en Afrique. Le premier modèle est le financement direct par un donateur qui décide de soutenir un projet spécifique ou un domaine d'intervention spécifique dans un contexte local déterminé, par exemple en promouvant la construction ou le soutien d'écoles ou d'infrastructures sanitaires au niveau régional ou dans les villages. Ce modèle vise à soutenir financièrement la mise en oeuvre de plans de développement locaux qui ont du mal à trouver une application en raison du manque de ressources économiques. Le second modèle a été défini comme un financement indirect et consiste à constituer un fonds, auquel participent différents donateurs associés entre eux, et qui est géré par un acteur gouvernemental; celui-ci à son tour est responsable de la re-distribution des fonds aux gouvernements locaux, conformément aux règles et procédures convenues avec les bailleurs de fonds. C'est le cas de la Nazional Agency for Investment in Local Communities au Mali, des Local Communies Development and Management Support Office et des Local Communities Development support fund au Burkina Faso.[5] Ajoutons que la coopération décentralisée s'est occupée et s'occupe encore de promouvoir des processus de décentralisation administrative en Afrique. À cet égard, une étude[6] récente révèle que la plus grande partie des interventions au profit des municipalités en Afrique s'est concentrée sur le renforcement de la capacité des autorités locales du point de vue de la gestion de la gouvernance locale. Ces interventions de «capacity building» ont exploré un large éventail d'applications et ont donné lieu à plusieurs initiatives différentes entre elles et qu'on peut difficilement ramener à une stratégie commune. Les initiatives ont privilégié la promotion de mesures visant à stimuler le secteur de l'économie locale ainsi que le développement du domaine de la santé de base, de l'éducation, et d'autres secteurs dans un certain nombre de Municipalités africaines. Il convient de noter que les projets de soutien à la décentralisation promus dans le cadre de la cooperation décentralisée, bien qu'ils soient hétérogènes et apparemment éloignés du domaine de la gouvernance locale[7], ont une valeur ajoutée par rapport à ceux qui sont promus dans le cadre d'un rapport traditionnel de coopération internationale. Cette valeur ajoutée réside dans l'aspect relationnel propre à la coopération décentralisée et qui, lorsqu'elle est effectuée correctement, investit la plus grande partie de sa contribution dans la construction d'un processus de collaboration entre «égaux» qui vise à accroître l'appropriation des projets et à maximiser les chances de durabilité institutionnelle de l'intervention. En d'autres termes, la coopération décentralisée vise à créer un réseau de relations entre les institutions locales du Nord et du Sud du monde, institutions dans lequelles l'échange de bonnes pratiques, mais aussi tout simplement le partage d'une expérience d'«aide», offerte par le projet, sont une opportunité pour la formation et le développement des institutions africaines comme pour les institutions européennes. En ce sens, la construction de relations solides entre les institutions locales dans le Nord et le Sud du monde, implique une approche à long terme qui ne se termine pas avec la fin de chaque projet, mais qui devrait se poursuivre et se refléter dans un changement de «pratique» de gouvernance locale dont l'impact ne peut être visible qu'après un certain temps. Peut-être que la difficulté de retracer les effets immédiats de la coopération décentralisée sur la gouvernance locale en Afrique est à la base d'une évaluation de l'impact généralement insatisfaisant des résultats obtenus par le canal de la coopération internationale. Dans une étude sur la cooperation décentralisée française au Mali, les auteurs se plaignent de l'importance excessive que revêt la «stratégie du conteneur»[8] aux dépens d'une approche plus ciblée sur le renforcement des capacités institutionnelles. Les auteurs de cette étude, tout en reconnaissant la valeur de la coopération décentralisée dans les territoires bénéficiaires, espèrent quil y aura un passage d'une approche fondée sur la mise en oeuvre des micro-projets à une approche plus durable qui soit capable d'impliquer davantage la structure institutionnelle des territoires et qui s'adapte mieux au tissu socio-culturel des communautés locales. En ce sens, les deux auteurs espèrent qu'il y aura une transition des interventions d'«échange» institutionnel à des interventions de «soutien» institutionnel visant à renforcer les communautés locales. Une autre étude de la coopération décentralisée Norwegian en Afrique en appui à la décentralisation et à la gouvernance locale, détecte l'utilisation d'une approche qui vise plus à la simple exécution de projets basés sur la prestation d'un service qu'à la construction de capacités locales pour gérer les processus de développement local.[9] Même l'Organisation de coopération et de développement économiques (OCDE) dans une étude de 2005 visant à étudier l'aide au développement accordée par les autorités locales, précise, dans une section dediée aux caractéristiques de cette aide, qu'elle est exprimée principalement dans les interventions qui ne couvrent pas directement le domaine de l'appui aux processus de décentralisation administrative et que, au moins en Italie, le budget est plutôt limité.[10] Selon de nombreuses études sur les caractéristiques et l'impact de la coopération décentralisée promue par les gouvernements locaux européens en Afrique, il manquerait donc l'élément institutionnel des projets[11] qui favorise souvent des interventions visant à parvenir à un résultat tangible, immédiat pour donner de la visibilité au donateur, au dépens des interventions, dont l'impact serait difficilement visible à court terme, telles que la formation des autorités locales et l'amélioration de leur capacité à promouvoir la bonne gouvernance locale. C'est probablement pour pallier cette difficulté que certains programmes financés par la communauté internationale ont mis l'accent sur l'appui institutionnel aux processus de décentralisation administrative, à travers un engagement déclaré de renforcer la capacité des collectivités locales dans la gestion des processus de développement local. C'est le cas des programmes ART, mis en oeuvre en 2004 par un consortium d'agences des Nations Unies (UNDP, UNESCO, UNIFEM, WHO et UNOPS) dans de nombreux pays africains comme le Sénégal, le Mozambique et le Gabon. Il en va de même pour le projet intitulé «L'approche territoriale régionale: Un espace optimal pour la mise en oeuvre des principes de l'efficacité de l'aide», projet promu par la Région Toscane en Italie, en consortium avec la Région Piémont (Italie), la Région Rhône-Alpes (France), quatre Régions du Burkina Faso, Sahel, Centre, Hauts Bassins, Nord et deux Régions du Sénégal, Louga et Ziguinchor. Ce projet, nommé CONCERT-ACTION, a pour objectif général de renforcer et de structurer les cadres deconcertation inter-institutionnelle entre les autorités locales et la société civile des Régions partenaires africaines, et s'inscrit dans la continuité des projets ART, précédemment réalisés dans les Régions partenaires. Le projet CONCERT-ACTION a voulu soutenir le renforcement des cadres de concertation, déjà définis mais jamais rendus opérationnels dans certains cas, mais aussi renforcer la capacité des groupes, représentant la société civile et les institutions régionales, à prendre une part active dans les processus de développement local; en outre, il a choisi comme partenaire opérationnel les institutions regionals correspondantes selon une logique d'«échange entre égaux», typique de la coopération décentralisée. Cette étude sur le processus de planification au niveau local et sur le rôle de la coopération décentrée au Sénégal et au Burkina Faso afin de soutenir les processus de développement local, a mis en évidence des points de force mais aussi de faiblesse dans les systèmes analysés.

Dans ces deux pays, le point de force le plus évident est constitué par l'ouverture progressive des processus de planification du développement local aux acteurs locaux. Au Sénégal, la planification du développement peut être définie comme un processus endogène, qui part de l'analyse des réalités locales et prend en considération les instances des différents acteurs du développement. L'utilisation d'un personnel technique spécialisé et de nationalité sénégalais, favorise ce processus et la création de structures de support technique au niveau régional comme les Agences de Développement Régional (ARD) va aussi dans ce sens. La participation de la société civile se renforce de plus en plus, ce qui se traduit par la construction de ce qui a été défini comme l'«intérêt local général» qui devient un moteur d'initiatives de développement partant du territoire et s'achevant dans le territoire même. Au Burkina Faso, le cas de la Région du Nord qui a été l'objet d'une étude, met en évidence le fait que, avec l'appui financier des acteurs de la coopération internationale, l'élaboration des plans de développement régional peut représenter un véritable moment de mobilisation et de participation active de la société burkinabé aux processus de développement local. Les provinces, Communes, villages et tous les niveaux d'organisation communautaire, soutenus par le Ministère de l'Administration Territoriale et de la Décentralisation (MATD), ont participé au lancement du processus de planification pour la période 2010-2014; les acteurs de la société civile et les organisations non gouvernementales ont eu l'opportunité de contribuer à recueillir les données et les informations nécessaires au soutien de la planification dans un esprit de coopération synergique entre institutions locales, régionales et nationales. Bien qu'il faille reconnaitre que le cas de la Région du Nord est un exemple de succès et que pas toutes les Régions du pays ont atteint ce niveau de participation, on peut rester optimiste et affirmer que des progrès importants ont été réalisé au Burkina Faso en ce qui concerne l'élaboration de plans de développement local. Ces plans de développement sont élaborés périodiquement, rénovés et mis en oeuvre; il existe des organismes de concertation qui favorisent la participation des collectivités, même si leur fonctionnement est encore inconstant et imprécis. Les deux pays ont en revanche le même point faible; il s'agit du bas niveau d'application et de mise en oeuvre des plans de développement local. Cela est dû principalement à une carence de fonds et à celle des mécanismes institutionnels qui devraient garantir une couverture financière totale pour la réalisation des plans. Dénués de caractère opérationnel, les plans de développement local finissent par devenir de simples exercices administratifs, en perdant la lymphe vitale qui anime les instruments de développement local. La coopération décentralisée, dont la vocation est de soutenir les territoires dans l'actualisation des politiques de développement participatif, n'a pas encore trouvé, de son côté, un canal opérationnel en mesure de lier les interventions de coopération décentralisée à la réalisation des plans de développement local. En d'autres termes, il n'existe, ni au Sénégal ni au Burkina Faso, un «système de coopération» en mesure de soutenir systématiquement la mise en oeuvre des plans de développement local. La coopération décentralisée entre Communes, provinces et Régions homologues en Europe et en Afrique est une opportunité pour faire aboutir l'effort de planification qui a été entrepris par le niveau régional et communal au Sénégal et au Burkina Faso. Mais afin de réaliser cet objectif, les plans de développement local doivent «sortir du contexte local»; ils doivent être communiqués à l'extérieur et portés à la connaissance des acteurs internationaux qui s'occupent à divers titres de coopération internationale et décentralisée. Au-delà de la qualité des plans de développement locaux au regard de la participation, ceux-ci doivent être considérés comme des instruments fondamentaux de la coopération décentralisée en devenant l'occasion d'un «marketing territorial» pour la promotion des projets dans un milieu déterminé, avec des besoins locaux précis auxquels ils doivent répondre. Après avoir été rendus publics, les plans de développement local et régional doivent devenir un instrument opérationnel réel dans la définition des programmes de coopération décentralisée pour réaliser cette synergie d'intentions qui représente un véritable moteur de croissance. Comment cette synergie peut-elle se réaliser? Qu'est-ce qui peut favoriser cet alignement? Nous proposons, ci après, un certain nombre de modalités opérationnelles pour favoriser l'alignement entre les efforts de la planification locale et la contribution de la coopération décentralisée au développement.

Prêter attention au niveau central

Les expériences au Sénégal et au Burkina Faso montrent que, bien que la coopération décentrée se realise dans un rapport de partenariat entre institutions locales - en Afrique et en Europe -, le niveau central représenté par les Ministères de gestion du territoire et le Ministère des Affaires étrangères italien ne peut pas être sous-estimé. Les processus de décentralisation administrative sont animés, en premier lieu, en Afrique, par les institutions centrales de l'Etat qui en déterminent les passages fondamentaux et le cadre normatif à l'intérieur duquel la décentralisation a lieu et se déroule. Du point de vue de l'Italie et bien que les Régions soient autonomes en matière de coopération sans devoir nécessairement impliquer le Ministère des Affaires étrangères dans la définition de leur propres stratégies d'intervention, il n'en est pas moins vrai que le Ministère italien des Affaires étrangères est souvent intervenu pour soutenir les processus de décentralisation administrative à travers le renforcement des capacités institutionnelles, comme dans le cas du CIDEL au Sénégal, et par son soutien à l'acte III de la décentralisation. Dans cette situation, alors qu'au niveau central l'Italie soutenait le Sénégal dans la définition des politiques de décentralisation contenues dans l'Acte III qui prévoit l'élimination des Régions comme collectivités territoriales, au niveau local les Régions italiennes continuaient à soutenir le renforcement des Régions africaines homologues en voie d'extinction. Cet écart entre les objectifs de la coopération «centrale» et les objectifs de la coopération «décentralisée» du système italien, met en évidence un paradoxe opérationnel qui ne favorise pas la synergie des efforts de coopération dans les pays partenaires. C'est pourquoi, parmi les interlocuteurs qu'il convient d'impliquer pour favoriser l'alignement de la coopération décentralisée sur les plans de développement local, la composante centrale, représentée principalement par les Ministères des Collectivités Territoriales au Sénégal et au Burkina Faso, constitue un élément important.

Pointer sur l'associationisme des autonomies locales

L'associationisme des autonomies locales représente un autre élément important sur le plan National. Celui-ci réunit au niveau national les instances des réalités territoriales locales - comme dans le cas de l'Association des Régions au Burkina Faso et au Sénégal – et l'association des Municipalités au Burkina Faso, apparait comme un choix stratégique pour potentialiser la participation des autonomies locales aux processus de décentralisation qui ont été élaborés au niveau central. Une plus grande capacité de participation de la part des Régions et des Municipalités à travers les associations qui les regroupent, entraine un plus grand équilibre entre les institutions centrales et les institutions locales et potentiellement un dépassement de ces «résistances» - décrites dans l'introduction – de la part de l'Etat central dans la mise en place d'un processus efficace et efficient de décentralisation administrative. Ce rôle important d'«accompagnement» des processus de décentralisation administrative peut être joué par les Régions italiennes engagées dans un parcours de renforcement des autonomies locales.

Développer le flux de communication Institutionnelle interne/externe

S'il est vrai que les actions de coopération décentrée se fondent souvent sur un rapport de réciprocité existant et solide, qui pourrait constituer un terrain fertile pour la promotion des plans de développement local des réalités territoriale africaine, il est vrai aussi qu'il faut trouver les canaux de communication les plus officiels pour éviter de laisser à un partenariat occasionnel, un patrimoine local aussi important que celui d'une planification participative. La technologie informatique pourrait représenter un terrain de rencontre entre la demande et l'offre de collaboration pour la réalisation des plans de développement local. L'utilisation d'Internet et la mise à jour correcte d'un site Web représentent aujourd'hui des instruments de communication d'une importance fondamentale, possédant un grand potentiel de rayonnement et d'un coût limité à condition que les infrastructures technologiques de base soient disponibles. Il est nécessaire que les institutions européennes et africaines investissent dans la constitution et le maintien d'une série de banques de données sur les thèmes relatifs à la planification locale et à la coopération décentralisée. Des études effectuées dans le cadre du projet CONCERT-ACTION par le Centre d'Etudes de Politique Internationale CeSPI[12] de Rome, ont mis en évidence une série d'initiatives d'exploration cartographique et de constitution de banques de données des projets de coopération décentralisée dans les pays africains partenaires du projet, le Sénégal et le Burkina Faso. Ces initiatives doivent représenter un point de départ important pour déterminer un système d'échange d'informations qui soient accessibles à tous les acteurs qui ont intérêt à les consulter, par exemple à travers une plateforme informatique commune. En attendant que les Régions africaines s'équipent de leurs propres moyens et de leurs propres instruments afin de donner relief et visibilité à leurs plan de développement local, un rôle de promotion peut être joué par le réseau naissant des Agences Régionales du Développement, déjà présentes au Sénégal et en voie de réalisation au Burkina Faso, agences qui doivent être soutenues et légitimées dans leur rôle de promoteur du développement local. Ces trois points représentent, en conclusion, un parcours vers lequel la coopération décentralisée peut se tourner avec intérêt afin de planifier ses propres stratégies de coopération entre les pays, les autonomies locales et les institutions européennes et africaines. Ils représentent aussi une modalité opérationnelle transversale pour tous les programmes de coopération décentralisée qui, en accord avec les principes sur l'efficacité de l'aide, maintes fois mentionné en milieu international ces dix dernières années, ne doivent pas se développer séparément des exigences locales, exigences qui sont aujourd'hui pleinement exprimées à l'intérieur des documents programmatiques des réalités territoriales africaines.

NOTES

1 *D. Olowu, J. Stevenson Wunsch (sous la direction de), Local Governance in Africa: The Challenges of Democratic Decentralization, Lynne Rienne Publishers, Colorado United States, 2004.*

2 *C'est le cas du Ghana étudié par J. Ayew (Ghana: a top-down Initiative) et de l'Ouganda étudié par J. S. Wunsh et D. Ottemoeller (Uganda: Multiple levels of local Governance).*

3 *Il y a des cas de succès des processus de décentralisation administrative en Afrique qui ont conduit à une meilleure gouvernance au niveau local, comme celui du Ghana et de la Côte d'Ivoire. Voir à cet égard R. Crook et J. Manor, Democracy and Decentralization in South Asia and West Africa, 1998.*

4 *UNDESA 2008, Contribution of Decentralized Cooperation to Decentralization in Africa.*

5 *S. H. Boko, Decentralization and Reform in Africa. Kluwer Academic Publishers, USA, 2002. p. 61*

6 *UNDESA, 2008.*

7 *Dans la pratique, en effet, l'envoi d'un chargement de médicaments pour soutenir l'hôpital de la municipalité "X" peut être difficilement considérée comme une intervention pour soutenir les processus de décentralisation administrative.*

8 *La stratégie du conteneur est un terme de B. Husson & M. Diawara, (2003), Évaluation de la coopération décentralisée franco-malienne, Direction Générale de la Coopération Internationale ed du Développement, Ministère des Affaires étrangères, pg. 20-21. Le terme* *se réfère à une approche de projet d'exécution facile et rapide qui se traduit par une pratique d'aide constituant une fin en soi, comme peut être l'envoi d'un conteneur de médicaments à un hôpital.*

9 *J. Anger & L. Moberg, Review of the Norwegian Municipal International Cooperation (MIC) Programme: Final Report, Public Management and Scanteam, (2005) pg. 4.*

10 *OECD, (2005) Aid Extended by Local and State Governments, Pre-print of the DAC Journal 2005, Volume 6, No. 4.*

11 *C. Dhaene (2004), Moving beyond project assistance in MIC, Promoting local governance through Municipal International Cooperation, Issue 21, Capacity.org, pg. 6.*

12 *Nous nous référons au document élaboré par Valeria Saggiomo et intitulé: «Proposition des systèmes de gestion des flux d'information entre État - Régions - Communes, Villages, Bailleur de fonds pour la coordination des initiatives de Coopération Décentralisée au Sénégal et Burkina Faso» Janvier 2014.*

2. LA DÉCENTRALISATION ET LA DÉCONCENTRATION AU SÉNÉGAL

Magueye Thiane, Makha Sarr, Oumar Wade, Fabio Longobardi

Le Sénégal a été l'un des tous premiers laboratoires d'expérimentation de la décentralisation en Afrique de l'Ouest. L'expérience de la décentralisation administrative a été introduite pour la première fois en 1872 avec la création des Communes de Saint-Louis et de Gorée. Par la suite les Communes de Rufisque et de Dakar sont nées respectivement en 1880 et 1887. Parallèlement, des collectivités locales ont été créées en 1904 sous l'appellation de Communes mixtes. En 1955, les conseils municipaux sont élus de même que les maires des Communes existantes. Au moment de l'indépendance, le Sénégal comptait 34 Communes. C'était juste le début du processus de la décentralisation, qui s'est consolidée par la suite en un processus où l'on distingue trois grandes étapes:De 1960 à 1990: la phase institutionnelle de la réforme. Indépendant, le Sénégal a opté pour un régime municipal à deux statut: la Commune à statut spécial, administrée par un fonctionnaire nommé par les pouvoirs publics et la Commune de droit commun, administrée par un maire élu. L'innovation majeure dans la politique sénégalaise de décentralisation administrative réside dans la création en 1972 de collectivités locales en milieu rural. Ainsi, à partir de 1972, 373 Communautés rurales ont progressivement vu le jour. De 1990-1996 la politique de décentralisation connaît une seconde mutation. La loi du 8 octobre 1990 supprime la Commune à statut spécial pour l'inclure dans les Communes de droit commun. Toutes les Communes sont désormais administrées par un maire élu. Dans la même mouvance, la loi du 8 octobre 1990 transfère la gestion des Communautés rurales du Sous-préfet au Président du Conseil rural qui devient, à l'instar du maire, ordonnateur du budget communautaire et administrateur du territoire. Dès 1992, un projet de loi qui érige la Région, jusque là simple circonscription administrative, en collectivité territoriale décentralisée, dotée de personnalité juridique et d'autonomie financière, voit le jour. En 1996 toutefois, commence la phase réelle de la «régionalisation», considérée comme la consolidation de la politique de décentralisation au Sénégal. Toutes les Régions du pays ont un statut unique, qui va dans le sens d'un équilibre à établir entre la décentralisation des fonctions administratives de l'Etat vers les Régions et la déconcentration des services de l'Etat dans les Régions. Les centres de décision, et ceux en particulier relatifs à l'utilisation des ressources financières disponibles, sont lentement déplacées dans les communautés locales alors que l'Etat maintient un contrôle aménagé a posteriori. Le Sénégal compte 571 collectivités locales, 14 Régions, 172 Communes, dont 46 Communes d'arrondissement, et 385 Communautés rurales. En 2014, au moment de la rédaction de cette étude, commence la quatrième étape du processus de décentralisation administrative au Sénégal. Il s'agit de la réforme appelée Acte III de la décentralisation.

La Décentralisation et la Déconcentration dans le cadre normatif [13]

La décentralisation, au Sénégal, est un processus par lequel l'Etat crée et organise des collectivités territoriales, distinctes par rapport à lui, en leur transférant certains domaines de compétences qu'il détenait auparavant; ce qui a entrainé une certaine autonomie de décision mais aussi une autonomie financière. Les collectivités locales dont la mission générale est la conception, la programmation et la mise en oeuvre des actions de développement économique, social, culturel et éducatif dans les territoires concernés sont dotées d'une personnalité morale; ils s'administrent librement dans le respect de l'unité nationale et de l'intégrité territoriale. En matière de transfert de domaines de compétence aux collectivités locales, la loi 96-07 du 22 mars 1996 y afférente en a fixé neuf (9): les Domaines; l'environnement et la gestion des ressources naturelles; la santé, la population et l'action sociale; la jeunesse, les sports et les loisirs; l'Education; la culture; la Planification; l'Aménagement du territoire; l'Urbanisme et l'habitat. Parallèlement au processus de décentralisation l'État au Sénégal effectue un processus de déconcentration. La déconcentration consiste pour l'Etat à déléguer des pouvoirs de décision à ses représentants placés à la tête de services administratifs ou de circonscriptions administratives; mais ilsne bénéficient pas d'autonomie et sont soumis à l'autorité hiérarchique: c'est le cas des chefs de circonscription administrative que sont le Gouverneur (Région), le Préfet (département), le

Sous-préfet (arrondissement). Ces Autorités administratives ont des attributions importantes dans leurs différentes circonscriptions et ont donc un rôle non négligeable à jouer dans les systèmes de gouvernance en matière de concertation et de gestion des flux d'information. C'est pourquoi il est opportun de considérer les missions et les rôles de ces Représentants de l'Etat, avant d'en venir aux cadres de concertation à travers lesquels les différents systèmes de gouvernance régionale sont menés. Mais aujourd'hui, avec l'acte III de la décentralisation qui se profile à l'horizon et qui est incarnée par la nouvelle loi N° 2013-10 du 28/12/2013 portant sur le Code Général des Collectivités Locales, des réformes comme la suppression de la Région (CL), l'érection du département en Collectivité Locale et la mutation de la Communauté rurale en Commune de plein exercice demeurent des innovations majeures qui vont changer de manière significative l'architecture institutionnelle de la décentralisation au Sénégal. *L'Act III de la decentralisation*[14] Après les réformes de 1972 et de 1996, l'Etat du Sénégal envisage d'effectuer une nouvelle réforme de la politique de décentralisation. Cette réforme dénommée Acte III entend renforcer la qualité, la pertinence et le rendement des politiques publiques en promouvant l'approche territoriale du développement qui permettra de révéler des ressources non encore exploitées. On attend de cet acte une valorisation de toutes les potentialités de chaque territoire, selon une démarche inclusive, qui intègre l'ensemble des catégories d'acteurs, articule les différents niveaux territoriaux, et réconcilie les politiques sectorielles avec les dynamiques territoriales réelles. Cette option de territorialisation des politiques publiques ambitionne donc d'opérer une rupture majeure dans la gestion publique. La réorganisation territoriale envisagée serait ainsi bâtie autour de principes et d'orientations en mesure de faire émerger des entités territorialement viables, tout en réduisant le fractionnement qui a entraîné l'existence de collectivités locales disparates et qui sont dans l'incapacité de s'organiser. Le découpage proposé prend en compte des considérations économiques, naturelles et humaines dont l'importance varie suivant les Régions. Les nouveaux échelons de gouvernance territoriale devraient également offrir un véritable cadre d'impulsion du développement économique car ils reposent sur les exigences d'aires territoriales qui sont plus en accord avec les plans socioculturel, éco géographique et économique. La vision qui guide la mise en oeuvre de l'Acte III de la décentralisation s'inspire de celle du Chef de l'Etat: «Organiser le Sénégal en territoires viables, compétitifs et porteurs de développement durable à l'horizon 2022». L'Etat envisage de corriger les incohérences du découpage administratif en simplifiant l'architecture administrative. Le nouveau découpage administratif doit permettre la reconstruction des dynamiques de développement territorial à travers des entités viables. Un nouvel ordre des collectivités territoriales est donc prévu avec une transformation des Communautés rurales en Communes. Les mécanismes de valorisation de l'intercommunalité (inter-territorialité) seront également promus pour apporter des réponses durables et pertinentes aux cloisonnements territoriaux. Dans ce sillage, les grandes zones écogéographiques du Sénégal seront constituées en pôles de développement et en pôles urbains et périurbains. Enfin, il est attendu que ces nouveaux pôles soient les centres d'animation du développement territorial. Le nouveau Code général des Collectivités Locales voté par l'Assemblée nationale, le jeudi 19 décembre 2013, abroge et remplace la loi n° 96-06 portant sur le Code des Collectivités Locales, la loi n° 96-07 portant sur le transfert de compétences aux Régions, aux Communes et aux Communautés rurales et celle n° 96-09 du 22 mars 1996 fixant l'organisation administrative et financière de la Commune d'arrondissement et ses rapports avec la ville. Cette réforme plonge ses racines dans une véritable politique d'aménagement du territoire et oriente la concrétisation des aspirations et des espoirs des acteurs territoriaux, vers la construction d'un projet de territoire. Elle offre l'espace adéquat pour construire les bases de la territorialisation des politiques publiques. Elle se décline en quatre objectifs fondamentaux:

- un ancrage de la cohérence territoriale pour une architecture administrative rénovée;
- une clarification des compétences entre l'Etat et les collectivités locales;
- un développement de la contractualisation entre ces deux niveaux décisionnels;
- une modernisation de la gestion publique territoriale, avec une réforme effective des finances locales et une promotion soutenue de la qualité des ressources humaines.

Lancée officiellement le 19 mars 2013, le processus de réforme devait initialement s'étaler sur 12 mois. Les élections régionales, municipales et locales étaient prévues pour le courant du mois de mars 2014. Pour garantir une appropriation la plus large possible par les acteurs de la décentralisation et du développement territorial, un comité national de pilotage (CNP) de l'Acte III (décret 2013-581 du 29 avril 2013) été institué par décret. Le dispositif organisationnel est également composé de trois commissions thématiques, d'un comité technique de coordination et des commissions régionales de partage de la réforme. Le comité national de pilotage présidé par le Ministre-conseiller juridique du Président de la République est composé de représentants de l'Etat, des Associations d'Elus locaux, du secteur privé, de la société civile, des partenaires techniques et financiers actifs dans la décentralisation. La composition plurielle du comité de pilotage n'a pas empêché que certaines voix s'élèvent pour réclamer plus de concertation autour de la réforme. Compte tenu de sa complexité et de son contenu décisif pour l'avenir du pays, mais aussi en raison des nombreuses réaction soulevées par les premiers résultats de la Commission en charge de la Cohérence territoriale, le Président de la République a décidé que l'Acte III de la décentralisation soit mis en oeuvre progressivement en deux phases. Il s'agira, dans une première phase:

- de supprimer la Région-collectivité locale;
- d'ériger les départements en collectivités locales;

- de transformer les Communautés rurales et les Communes d'arrondissement en Communes;
- d'ériger des villes regroupant plusieurs Communes, de répartir les neuf domaines de compétences jusqu'ici transférées aux deux ordres de collectivités locales: le département et la Commune.

La première phase doit se dérouler dans le respect des limites territoriales actuelles des entités administratives concernées pour permettre le déroulement des élections. Celles-ci étant repoussées jusqu'au 29 juin 2014. Le dispositif institutionnel de la coopération décentralisée n'est pas remis en cause durant la première phase de la réforme. Toutefois, la suppression de la Région-collectivité locale soulève des interrogations par rapport à l'avenir des projets de coopération en cours. Dans le cadre de la deuxième phase de la réforme, l'Etat envisage d'accorder une priorité à la mise en place des pôles régionaux de développement qui devaient, en principe, avec les départements prendre en charge les compétences jusqu'alors dévolues aux Régions. La Région reste encore une circonscription administrative. A terme, on attend un développement des mécanismes incitatifs de coopération entre les collectivités locales du pays, mais également la promotion de la coopération transfrontalière qui permettra d'ouvrir des perspectives à la coopération Sud-Sud et à la coopération triangulaire. Les travaux des trois commissions thématiques devront livrer leurs résultats à l'issue de la deuxième phase de la réforme. Les objectifs et contenus des travaux des commissions thématiques s'établissement de la façon suivante:

a) construire une cohérence territoriale: il s'agit de trouver des réponses adéquates à l'ancrage de la cohérence territoriale pour une architecture administrative simplifiée, mais aussi à la reconstruction des dynamiques territoriales à travers des entités viables; ainsi, un nouvel ordre des collectivités territoriales sera établi avec une attention particulière portée à la communalisation intégrale; dans ce sillage, les mécanismes de valorisation de l'intercommunalité (inter-territorialité) seront à identifier; enfin, pour rendre l'Etat davantage orienté vers l'équité sociale et territoriale, des solutions durables et pertinentes aux cloisonnements territoriaux seront données et de surcroît, les grandes zones éco-géographiques du Sénégal seront constituées en pôles de développement; des pôles urbains et péri-urbains hiérarchisés seront également créés pour qu'ils deviennent des centres d'animation du développement territorial;

b) assurer la lisibilité des échelles de la gouvernance (aspects des relations inter-acteurs): la valorisation de territoires viables demande la révision du processus de formulation et de mise en oeuvre des politiques publiques; ce qui exige que l'on rende plus pertinentes et plus lisibles les échelles de gouvernance, par une réhabilitation de la déconcentration, corollaire indispensable de la décentralisation; l'objectif poursuivi est également une coopération étroite entre les élus locaux respectés aux capacités renforcées et les représentants de l'Etat réhabilités dans leur rôle d'interlocuteurs territoriaux de l'Etat; cette coopération sera élargie aux Acteurs Non Etatiques et au Secteur privé;

c) assurer la lisibilité des échelles de la gouvernance (aspects de l'adéquation du transfert de compétences et de ressources): les compétences entre l'Etat et les collectivités territoriales et les modalités de leur exercice seront clarifiées en vue de prendre en charge l'acquisition de libertés plus grandes et l'autonomie financière réelle des collectivités territoriales; au même titre, l'architecture territoriale actuelle fera l'objet d'une reconfiguration afin de disposer des cadres organisationnels les plus appropriés et de ressources humaines de qualité, au regard des nouveaux objectifs de développement;

d) développer des mécanismes de financement du développement territorial: les difficultés financières persistantes des collectivités locales, et qui seraient la conséquence du caractère inadapté des ressources et des mécanismes financiers mis en place par l'Etat, doivent trouver des solutions adéquates au regard de l'ampleur des compétences transférées; il s'agira, ainsi, de procéder à la révision des mécanismes de transfert des fonds, mais aussi du mode de répartition des ressources Etat/collectivités territoriales, des mécanismes de péréquation, et du cadre juridique pour l'emprunt des collectivités territoriales; il faudra également réfléchir sur les mécanismes de financement des projets de territoire contractualisés, sur les collectivités territoriales comme actrices des services financiers décentralisés, ainsi que sur les mécanismes de financement articulés au partenariat public privé et aux coopérations décentralisée et transfrontalière, sans oublier d'autres mécanismes de financements nationaux et internationaux innovants du développement durable.

Acteurs locaux de la planification territoriale

En attendant que la réforme de l'Acte III ne produise les changements institutionnels décrits plus haut, la Région reste un acteur important pour la planification du développement local. Jusqu'à présent, la Région a été la collectivité locale intermédiaire entre l'Etat et les collectivités locales de base comme la Commune et les collectivités rurales. Sous l'angle de la décentralisation, la Région en tant que collectivité locale a coexisté dans le même espace que la Région administrative. Avant l'Acte III de la décentralisation, la Région était compétente pour promouvoir le développement économique, social, éducatif, sanitaire, culturel et scientifique de la Région, mais aussi pour réaliser les plans régionaux de développement et organiser l'aménagement du territoire sans porter atteinte à l'intégrité, à l'autonomie et aux attributions des Communes et Communautés rurales. La Région comprend deux organes, le Président et le

Conseil Régional qui représentait les populations de la Région et était l'organe délibérant regroupant soixante conseillers régionaux. Un bureau composé d'un Président, de deux Vice-présidents, de deux Secrétaires élus était à la tête du Conseil Régional compétent pour délibérer en matière de budget primitif, de budget complémentaire, de compte administratif, de validation des documents régionaux de Planification et des conventions de coopération. La Commune, qui fait toujours partie du cadre institutionnel précédant l'Acte III, est une collectivité locale regroupant les habitants du périmètre d'une même localité et qui, désireux de traiter de leurs propres intérêts, sont unis par une solidarité résultant du voisinage. La Commune comprend deux organes qui sont le Conseil Municipal et le Maire. Le conseil municipal a pour compétence le domaine de la planification, de la programmation du développement local et de l'harmonisation de cette programmation avec les orientations régionales et nationales; le Maire est l'organe exécutif de la Commune chargé de mettre en oeuvre toutes les délibérations du Conseil municipal qui sont conformes aux lois et aux règlements en vigueur, mais sous la surveillance du Préfet, Représentant de l'Etat, qui doit en vérifier la légalité Les Communautés rurales constituent les collectivités locales de base à partir desquelles les populations des terroirs s'organisent pour gérer leurs intérêts conformément aux lois et aux règlements. Dotée d'autonomie financière, la Communauté rurale est constituée par un certain nombre de villages appartenant au même terroir. La Communauté rurale comprend deux organes: le Conseil Rural ou l'organe délibérant et le Président du Conseil Rural qui est l'exécutif. Le Conseil rural délibère sur toutes les matières dont il a la compétence par la loi et notamment sur le plan général d'occupation des sols, les projets d'aménagement, de lotissement, d'équipement des périmètres affectés à l'habitation, ainsi que l'autorisation d'installation d'habitations ou de campements; il est chargé également de l'affectation ou de la désaffectation des terres du domaine national, de la création, modification ou suppression des foires et marchés, mais aussi du budget de la collectivité, des crédits supplémentaires et des comptes administratifs, des projets locaux et de la participation de la collectivité à leur financement; sont également de sa compétence le régime et les modalités d'accès et d'utilisation des points d'eau de toute nature, l'organisation de l'exploitation de tous les produits végétaux de cueillette et des coupes de bois. Le Président du Conseil rural est chargé de mettre en oeuvre les délibérations de l'organe délibérant et à ce titre il est ordonnateur du budget de la collectivité. Le Sous- préfet ou son délégué assiste de droit aux sessions du conseil rural au titre de Représentant de l'Etat. Les Groupements d'Interêt Communautaire (GIC) sont bien des Institutions décentralisées comme la Commune ou la Communauté rurale mais servent aussi d'espace de concertation et de coordination entre les différentes collectivités locales qui le composent. Le GIC regroupe l'ensemble des collectivités locales d'un département permettant ainsi de renforcer l'intercommunalité et la mutualisation de leurs ressources en vue d'atteindre de manière efficace un développement harmonieux de cet ensemble de collectivités locales. Les Communes et les

Communautés rurales associées, transfèrent par délibération au Groupement d'Intérêt Communautaire les compétences en matière de gestion ou d'exploitation des terres du domaine national, mais aussi en matière de biens d'équipement, d'infrastructures ou de ressources. Région, Commune, Communautés rurales et groupes d'intérêt communautaire représentent le niveau décentralisé de la planification locale. Il faut prendre en compte également le niveau déconcentré qui réunit les acteurs gouvernementaux agissant localement. La déconcentration consiste pour l'Etat à déléguer des pouvoirs de décision à ses représentants placés à la tête de services administratifs mais ne bénéficiant pas d'autonomie; ils sont soumis à l'autorité hiérarchique: c'est le cas des chefs de circonscription administrative que sont le Gouverneur (Région), le Préfet (département), le Sous-préfet (arrondissement). Ces Autorités administratives ont des attributions importantes dans leurs différentes circonscriptions et donc un rôle non négligeable dans les systèmes de gouvernance en matière de concertation et de planification territorial. Le Gouverneur y représente l'Etat mais il est aussi le délégué du Président de la République; il veille à l'exécution des lois et des règlements. Dans l'accomplissement de ses missions et tâches, il est assisté d'un Adjoint chargé des affaires administratives et d'un Adjoint chargé du développement; il a en outre sous son autorité les Préfets, les Sous-préfets et l'ensemble des fonctionnaires et agents civils de l'Etat en exercice dans la Région. Le décret 72-636 du 29 mai 1972 fixant les attributions des chefs de circonscription administrative et des chefs de village, modifié par le décret 96-228 du 22 mars 1996, indique dans son article 6 que le Gouverneur est responsable du développement économique et social de la Région et qu'à ce titre il est le commissaire du Gouvernement auprès du Conseil Régional; il préside le Comité Régional de Développement (CRD) et la Conférence d'Harmonisation. De plus le Gouverneur est habilité à prendre des décisions relatives au dépassement par la collectivité régionale de la durée légale d'une de ses sessions et à la convocation extraordinaire de ce même Conseil, notamment en session budgétaire, en cas de carence de la collectivité locale; enfin, il exerce le contrôle de légalité sur certains actes émanant du Conseil Régional, contrôle sans lequel non seulement ces actes sont illégaux mais ne peuvent connaître un début d'exécution. Le Préfet administre les Départements de la Region. Le Préfet est le délégué du Président de la République et le Représentant du Gouvernement dans le département. Sous l'autorité du Gouverneur, il est chargé de veiller au respect des lois et règlements et dispose à cet effet d'un Adjoint; il a sous son autorité les Souspréfets et l'ensemble des agents de l'Etat en exercice dans le département. Le Préfet est le Représentant de l'Etat à la fois vis-à-vis des Conseils Municipaux et du conseil du Groupement d'Intérêt Communautaire dans le département; il est le responsable du développement économique et social de sa circonscription administrative. A cet effet il préside le Comité départemental de Développement (CDD) et coordonne les activités des services du département. le Préfet est aussi compétent pour contrôler la légalité des actes émanant du Président et du Conseil du Groupement d'Intérêt Communautaire. A l'échelle de l'arrondissement, le Sous-préfet est le délégué du Président de la République et le Représentant du Gouvernement. Il est chargé de l'exécution des lois et règlements, dispose d'un Adjoint et a sous son autorité l'ensemble des agents civils de l'Etat en exercice dans l'arrondissement et qu'il réunit en coordination une fois par mois avant d'en rendre compte au Préfet. Le Sous-préfet est chargé de coordonner les actions de développement socio-économique de l'arrondissement et de mettre en oeuvre tous les moyens propres à susciter et à encourager la participation des populations aux actions de développement. Il est le Représentant de l'Etat vis-à-vis des Communautés rurales à qui il doit prêter assistance en vue d'une coordination et d'une impulsion de leurs actions de développement. Il dispose du pouvoir d'approbation et exerce un contrôle de légalité quant aux actes émanant des Conseils Ruraux ou des Présidents de Conseil Rural. Il préside le Comité Local de Développement (CLD) à l'échelle de l'arrondissement et doit contrôler en permanence l'action des chefs de village, surtout en matière de collecte des impôts locaux, notamment de la taxe rurale. Le village est la cellule administrative de base dans le dispositif organisationnel de l'Administration Territoriale conformément à la modification de la loi 72-02 du 01/02/1972 et c'est la raison pour laquelle le chef de village dispose d'un certain nombre de pouvoirs et de titres dont le premier est d'être le représentant de l'Autorité Administrative dans son ressort territorial. Sous l'autorité du Sous-préfet et du Président du Conseil Rural, le chef de village est chargé du contrôle de l'exécution des lois et règlements; de l'application des mesures de police; de l'application des mesures prises par le Représentant de l'Etat pour assurer l'ordre, la sécurité et la salubrité publique; il lui faut aussi apporter son concours au recensement de la population, à la tenue des cahiers de village de l'état civil, mais aussi apporter son concours et celui de la population pour combattre les calamités graves, participer aux actions de développement économique, social, culturel, sanitaire et de protection de l'environnement; il doit s'occuper enfin de la collecte de la taxe rurale ou de tout autre impôt local destiné au budget de la Communauté rurale.

La Concertation et la planification[15]

Pour comprendre si la planification territoriale du développement au Sénégal peut impliquer tous les acteurs locaux, il est nécessaire, à partir des institutions à la société civile, d'analyser le processus décisionnel qui conduit à l'élaboration de plans de développement local. La Concertation Pour garantir la participation aux processus décisionnels, des outils de concertation locale, tant au niveau décentralisé que déconcentré, ont été créés au Sénégal.

Au niveau décentralisé ces outils sont les suivants:

Les Cadres Locaux de Concertation (CLC) qui concernent à la fois les Communes et les Communautés rurales et qui leur servent de cadre de concertation unitaire pouvant comprendre d'autres cadres sectoriels comme les conseils de quartier pour les Communes ou les

CLCOP pour les Communautés rurales. Des CR comme celles de Ndiagne et Coki en disposent déjà.

Les Comites Villageois de Dévelopment (CVD). Le CVD est un cadre de concertation, de coordination et de programmation des activités de développement du village; il constitue aussi un outil de sensibilisation, d'information, de formation, de mobilisation et de cohésion sociale. Il sert d'interface entre les populations et les différents partenaires extérieurs, coordonne et suit les projets identifiés par les Groupements d'Intérêt Economique (GIE), les Associations, les Groupements de Promotion Féminine (GPF). Le CVD est un organe représentatif de toutes les organisations présentes dans un village; ses membres sont choisis par les villageois réunis en assemblée générale.

Toutes les organisations communautaires de base (OCB) ont un représentant au niveau du Comité Villageois de Développement qui comprend des commissions spécialisées ou thématiques (santé, élevage, pêche ...) à la tête desquelles se trouvent des relais techniques.

Les Conseils de Quartier (CDQ) favorisent la participation citoyenne à la base par la prise en compte des préoccupations et des priorités des populations des quartiers, notamment des groupes vulnérables (femmes, handicapés, jeunes); les populations s'organisent à travers les quartiers sous forme de cadres de concertation dirigés généralement par le délégué de quartier.

Les CDQ comprennent plusieurs commissions thématiques (éducation, santé, sports, culture, environnement, etc.) dont les points proposés, une fois retenus, discutés et validés sont envoyés, sous forme de plan ou mémorandum, au Maire afin qu'il en soit informé et qu'il les prenne en compte dans le budget municipal.

Au niveau déconcentré, les instruments de l'État pour garantir la participation la plus large possible dans les processus décisionnels qui conduisent à l'élaboration des plans de développement local, sont les suivants: Le Comité Régional de Développement (CRD) qui est un cadre de concertation regroupant, autour du Gouverneur, les Préfets, les chefs des services techniques déconcentrés de l'Etat.

En cas de besoin et selon l'ordre du jour, d'autres acteurs comme le Conseil Régional, certaines structures publiques, semi-publiques (par exemple l'Hôpital Régional ou l'Office National d'Assainissement) ou les représentants des Organisations Communautaires de Base (OCB), peuvent être invités à participer aux réunions du CRD. C'est donc un instrument permettant au Représentant de l'Etat d'établir la gouvernance au niveau de la Région administrative.

Le Gouverneur préside les travaux du CRD et doit le réunir au moins une fois par mois. En principe, le CRD peut se concerter et partager des informations sur toutes les matières entrant dans le cadre des attributions et du rôle du Gouverneur; notamment sur les actions de développement conçues, programmées et mises en oeuvre par l'Etat dans la Région. Le Comité départemental de développement (CDD).

En tant que cadre de concertation dirigé par le Préfet, il permet à ce dernier, compte tenu de son rôle, de mener la gouvernance à l'échelle départementale.

Le Comité Départemental de Développement

(CDD) regroupe tous les acteurs intervenant dans la vie économique, sociale et culturelle de la circonscription administrative: Sous-préfets, services techniques départementaux, les Maires et/ou les Présidents de conseil rural, etc. Le Préfet préside les travaux du Comité Départemental de Développement qu'il réunit au moins une fois par mois. Le Comité Local de Développement (CLD) qui existe dans tous les arrondissements à la tête desquels sont nommés des Sous-préfets. C'est un espace d'échanges, de coordination et d'impulsion en raison du rôle du Sous-préfet qui est chargé de coordonner les actions de développement socio-économique de l'arrondissement et de mettre en oeuvre tous les moyens propres à susciter et encourager la participation des populations aux actions de développement. La Conference d'Harmonisation (CH). La Conférence Régionale d'Harmonisation est un cadre de concertation pour la mise en cohérence et la mutualisation des programmes d'investissements de l'Etat et de la Région. Bien conduite et bien organisée, elle pourrait favoriser non seulement une meilleure articulation entre les actions de développement de l'Etat et celles des collectivités locales mais aussi une meilleure coordination des interventions des différents acteurs au niveau régional. Comme l'indique l'article 36 du Code des Collectivités Locales, elle est réunie au moins deux fois dans l'année par le Gouverneur et le Président du Conseil Régional, ou son représentant, y assiste de droit; de plus, elle regroupe les collectivités locales concernées, l'ensemble des services techniques régionaux et les Partenaires Techniques et Financiers intervenant dans la Région.

La Planification

La Planification se définit, en général, comme la programmation d'actions et/ou d'opérations à mener dans un domaine précis, avec des objectifs précis, des moyens précis et une durée (et des étapes) précise (s). Pour ce qui concerne la planification économique et sociale, elle peut être définie à la fois comme un exercice d'anticipation réaliste des perspectives de développement et comme un ensemble de procédures et de méthodes de mise en oeuvre des moyens disponibles ou susceptible de l'être, pour atteindre certains objectifs jugés prioritaires. Quant à la planification locale, elle s'effectue, en tenant compte des critères que nous avons déjà indiqués, au niveau de tous les ordres de collectivités locales (CL). Le Système national de planification du Sénégal est axé sur les niveaux territoriaux d'administration publique et politique. Le Système National de Planification se subdivise ainsi en planification globale, planification sectorielle et planification spatiale. Il s'agit de fait des trois grandes fonctions de la planification qui sont elles-mêmes inter-reliées, chacune incluant plusieurs objets de travail, ou sousfonctions de planification. La Planification globale s'occupe de l'orientation des politiques publiques et des grandes affectations des ressources publiques.

Elle détermine le cadre d'intervention de l'action publique et privée, et en contrôle continuellement les résultats économiques et sociaux de façon à réorienter, si nécessaire, les priorités et stratégies poursuivies. Elle instrumentalise donc les décisions politiques nationales. Le Plan Opérationnel de Développement Economique du Sénégal est élaboré de manière participative. Le document comporte six chapitres qui traitent du développement durable des territoires, de la situation macro-économique, de la compétitivité de l'économie sénégalaise, du développement durable et de la gestion des ressources humaines, du développement humain et de la demande sociale. Le Système national de la Planification, adopté en 1987, visait en premier lieu à intégrer, dans une démarche unique, souple et progressive, les instruments de politique économique. Il s'articulait autour de trois instruments permettant de concilier trois horizons temporels: une Etude Prospective donnant une image à l'horizon d'une génération (25 ans); un Plan d'Orientation pour le Développement Economique et Social (PODES) à moyen terme (loi - plan de 6 ans) et un Programme Triennal d'Investissements Publics (PTIP) sur trois ans et révisable annuellement (loi-programme). La planification sectorielle cible l'action de l'Administration Publique. Elle propose des politiques, programmes et des normes spécifiques concernant les missions de l'État, et veille à leur application. Elle supervise donc la gestion de l'offre des services collectifs, s'assure de leur distribution équitable et structure l'entretien des infrastructures et équipements publics. La planification sectorielle procède de la volonté du système de soutenir un secteur particulier compte tenu de son importance pour le développement du pays. Il s'agit, d'articuler l'ambition du secteur en question (Education par exemple) à celle du développement économiquement et social de la nation. Les différentes stratégies mises en oeuvre pour l'élaboration des programmes sectoriels consistent à:

a) mobiliser l'expertise nationale à travers plusieurs rencontres pour l'étude diagnostique et la proposition d'un plan d'action;

b) informer et sensibiliser les bailleurs de Fonds pour motiver leur intérêt à financer le programme;

c) impliquer les partenaires sociaux et les structures décentralisées dans le processus d'élaboration.

La planification locale intègre les considérations territoriales (collectivités locales) dans les décisions politiques et administratives. La planification régionale utilise les orientations données par la planification centrale comme référence pour concevoir le développement économique et social de la Région. La force de cette approche réside dans le fait qu'elle responsabilise les acteurs qui interviennent au niveau local, et qu'elle facilite la coordination et l'harmonisation des procédures et des modes d'intervention sur le terrain. Elle permet également un renforcement des capacités des élus locaux ainsi qu'une économie de ressources et de temps. Sur la base de la loi n° 96 - 07 du 22 mars 1996 portant sur le transfert de compétences aux Régions, aux Communes et aux Communautés rurales, le décret n° 96 – 11 33 du 27 décembre 1996 définit les modalités d'application du transfert de la compétence de planification. Avant 1996, l'Etat central et ses représentants au niveau déconcentré exerçaient et donnaient à la planification du développement économique et social une dimension locale.

Actuellement, le nouveau code des CL et ses décrets d'application donnent aux CL une compétence propre et entière en matière de planification économique et sociale.

Les Instruments de la Planification locale

Au Sénégal, les documents de planification locale définis par le Code des Collectivités Locales du Sénégal sont le Plan Régional de Développement Intégré (PRDI) pour la Région, le Plan d'Investissement Communal (PIC) pour la Commune et le Plan Local de Développement (PLD) pour la Communauté rurale. Ces documents doivent être bien articulés au Plan d'Orientation pour le Développement Economique et Social (PODES) et également articulés entre eux, comme la double planification le préconise. L'articulation entre le plan national et les plans locaux doit permettre aux différents documents de s'inspirer mutuellement pour garantir la continuité nécessaire dans les choix du Sénégal en matière de développement. A cet effet, le plan national définit les orientations stratégiques sur lesquelles sont axés les plans locaux, base de l'identification des besoins en investissements. La mise en cohérence entre le Plan d'Orientation pour le Développement Economique et Social (PODES) et le Plan Régional de Développement Intégré (PRDI) doit permettre aux deux documents de se compléter mutuellement afin de garantir un développement économique et social harmonieux et de faire jouer les effets de synergie entre échelon national et échelon régional. Sous ce rapport, le PRDI contribue à l'élaboration du PODES en s'appuyant sur les potentialités prises en compte dans le cadre du bilan diagnostic régional et sur la prospective régionale. Pour ce faire, des actions seront entreprises tant au niveau de l'harmonisation des processus d'élaboration de ces documents que du point de vue de l'articulation de leur contenu.

Le Plan Régional de Développement intégré (PRDI)

Document de planification au niveau régional, le PRDI constitue la base sur laquelle doit reposer l'orientation à donner à la Région pour son développement économique et social. Le Plan Régional de Développement intégré (PRDI) établit le diagnostic de l'ensemble des secteurs socio-économiques en termes de contraintes et de potentialités de la Région. Ces contraintes et potentialités sont l'objet d'études approfondies pour inspirer des stratégies et des objectifs de développement économique et social. L'horizon temporel de ce plan est de six (6) ans et il est élaboré, tout comme le Plan d'Orientation pour le Développement Economique et Social (PODES), avec le concours de différentes commissions constituées. Il doit également s'aligner sur les orientations du PODES et du Schéma Régional d'Aménagement du Territoire (SRAT).

Le Plan d'investissement communal (PIC)

Le PIC repose sur une concertation initiée et pilotée par les autorités municipales avec l'ensemble des acteurs du développement communal (Bailleurs de fonds, OCB, ONG etc.) Le PIC est le document de planification qui établit la programmation à moyen terme (horizon de 6 ans) de l'ensemble des investissements de la Commune, qu'il s'agisse de réalisations ou de réhabilitations. Il doit également s'aligner sur les orientations du PRDI et PDU.

Le Plan local de Développement (PLD)

Le PLD est le document de planification qui préconise la programmation à moyen terme (horizon de 6 ans) de l'ensemble des investissements en infrastructures socio-économique).
Son élaboration doit reposer sur une approche participative permettant aux populations de s'approprier les projets et programmes mis en oeuvre dans leur localité.

De la planification à l'exécution de projets de développement local[16]

Nous avons décrit, jusqu'à présent, les différents documents de planification du développement local et les outils que le Sénégal a élaborés pour assurer la participation la plus large possible dans les processus décisionnels qui conduisent à l'élaboration des documents de développement. Mais que se passe-t-il dans la pratique et quand est-il nécessaire de planifier les interventions de développement au niveau local?

La planification dans la pratique

La préparation et la mise en route du processus

de planification participative locale est une phase capitale car le succès de l'ensemble du processus de planification locale en dépend. <Il s'agit de la phase pendant laquelle on cherche à réunir les conditions favorables à la réussite de l'exercice de planification locale.

Elle comprend généralement les quatre étapes suivantes: la prise de décision, l'identification d'une structure technique d'appui, l'organisation des ateliers de capacitation des intervenants, la mise en place des commissions de planification et de chronogramme.

La prise de décision

Conformément au Code des Collectivités Locales et à la loi n° 96 – 07 du 22 mars 1996 portant sur le transfert de compétences, l'élaboration des plans locaux relève de la responsabilité des collectivités locales. Elle doit être un grand moment de partage, avec la participation de toutes les couches de la population. C'est ainsi que pour conduire l'élaboration du plan local, le chef de l'exécutif local (Président du Conseil Régional, Maire ou Président du Conseil rural) crée une Commission de planification ouverte à toutes les catégories de la société (femmes, jeunes, handicapés, etc.), aux élus locaux, aux services techniques, aux ONG, etc. Cette prise de décision dans l'élaboration du plan local traduit l'expression d'une volonté politique au niveau du Conseil Régional, municipal ou rural. Le chef de l'exécutif local est chargé de coordonner tous les processus en convoquant les différents ateliers et les différentes réunions des commissions qui jalonnent l'élaboration du Plan local. Il doit également soumettre le projet de Plan à l'organe délibérant (Conseil Régional, Conseil municipal ou Conseil rural) pour qu'il soit adopté, mais aussi au Représentant de l'Etat (Gouverneur, Préfet ou Sous-préfet) pour son approbation.

L'Identification d'une structure technique d'appui

Le processus de planification est accompagné d'un service d'appui technique spécialisé dans les opérations de planification du développement local (l'ARD qui est le bras technique des collectivités locales). Le Conseil Exécutif de la collectivité locale intervient également soit par la mobilisation d'un service spécialisé de l'Etat (comme par exemple le service du plan) ou le recrutement d'un prestataire de service sur la base d'un appel d'offre. Il s'agit de garantir le déroulement normal du processus afin d'aboutir à un document pertinent. En cas de recrutement, les modalités de proposition de services, de sélection des candidas et de contractualisation sont spécifiées dans un document d'appel d'offres (DAO).

L'Organisation des ateliers de capacitation des intervenants

L'une des conditions indispensables à la conduite d'un processus de planification locale est la formation et le renforcement des capacités des acteurs qui y participent, à savoir: les élus locaux, les agents des services techniques déconcentrés qui sont censés prendre part au processus de planification (notamment les Agents de Vulgarisation à la Base). De la même façon, la formation doit impliquer les membres des différents comités et les structures associatives de base. Il s'agit de consolider le cadre institutionnel et de renforcer les capacités locales. Cette capacitation des intervenants peut porter sur les aspects suivants: rôles et responsabilités des acteurs dans le processus de planification; contenus et formats des instruments de planification; consultation publique participative; réunion de travail efficace.

La mise en place des Commissions de Planification

Le Président du Conseil Régional, municipal ou rural crée par arrêté la Commission de Planification et les sous commissions et fixe le chronogramme d'élaboration du plan local. La Commission Elargie de Planification (CEP) est mise sur pied par arrêté du Président de l'Exécutif. Elle a pour mission de coordonner et de superviser toutes les étapes du processus d'élaboration. Toutes les parties prenantes de la collectivité locale sont membres de cette commission. La Commission Elargie de Planification s'appuie sur un comité de pilotage local composé par le Président de l'Exécutif qui est le président, par des représentants de l'ARD et des services techniques déconcentrés.

L'application des plans de développement

Les plans de développement local trouvent-ils leur application effective sur le terrain ou connaissaient-ils des problèmes d'adaptation par rapport à la réalité? La Région, les municipalités et les collectivités locales sont chargées de mettre en oeuvre les plans de développement élaborés pour leurs territoires. La mise en oeuvre et le financement des documents de planification au Sénégal sont loin d'être effectifs. En effet la planification est encore perçue comme un exercice administratif auquel les collectivités locales doivent répondre pour satisfaire un besoin administratif et non comme un document d'orientation pour la promotion du développement local.

Ceci est dû à deux raisons principales: premièrement, les collectivités locales sénégalaises sont confrontées, pour la plupart, à des insuffisances budgétaires. Les recettes fiscales et les taxes ne permettent pas de prendre en compte les investissements lourds. Par ailleurs, la Région ne dispose même pas de recettes fiscales. En revanche, les ressources octroyées par l'état central sont limitées à la prise en charge du budget de fonctionnement (paiement des salaires du personnel, entretien et fonctionnement des locaux). Plusieurs tentatives ont été faites pour trouver une solution à ce problème mais il reste encore entier, malgré les projets qui ont été initiés pour appuyer la décentralisation. Deuxièment, les documents de planification ne constituent pas encore, pour les partenaires, la principale porte d'entrée au développement. C'est pourquoi, la plupart des partenaires ignorent les orientations déclinées dans les différents plans et élaborent eux-mêmes leurs propres documents de planification. A cela s'ajoute, l'absence d'une politique réelle de promotion des documents de planification.

Resultats et défis futures

Le Sénégal a une longue expérience dans le domaine de la planification locale. C'est pourquoi le système de planification a pu évoluer pour s'adapter aux spécificités des contextes socio-politiques du pays. Les réformes politiques engagées avec une décentralisation poussée ont été accompagnées par une réforme adéquate en matière de planification. Ces réformes qui ont permis de prendre en compte les attentes des populations face à une situation d'exclusion et de marginalisation économique, sociale et politique, constituent un aspect important de ce contexte. Les innovations majeures, en matière d'approche et de formulation de nos politiques de développement ont permis d'intégrer l'ensemble des préoccupations des couches de la nation.

Les Agences Régionales de Développement (ARD)

Pour résoudre le problème de la visibilité et de la coordination des activités de développement au niveau local, le Code de Collectivités Locales - 1996 - permet aux Régions (article 37), en accord avec les municipalités et les Communautés rurales, de créer une Agence Régionale de Développement (ARD) dans le but d'aider les autorités locales dans l'élaboration et l'application des plans de développement local. Selon le décret N.2008-517 de mai 2008, l'ARD est une entité publique locale de caractère administratif qui est soumise à la tutelle du Ministère de la Décentralisation et sous la tutelle financière du Ministère des Finances. Le décret n°

98 399 du 5 mai 1998 avait fixé les modalités de création, d'organisation et de fonctionnement de l'Agence Régionale de Développement (ARD) qui avait pour missions:

a) d'apporter aux collectivités locales une assistance gratuite dans les domaines d'activités liées au développement;

b) d'assurer la maîtrise d'ouvrage et d'opérations que la Région, les Communes et les Communautés rurales lui délèguent;

c) de réaliser toutes les études que les organismes publics ou privés lui commandent.

Soumise aux principes de droit commun de la comptabilité publique et du contrôle administratif, l'Agence Régionale de Développement devait offrir la possibilité d'instaurer un cadre d'assistance, d'appui et de coopération aux collectivités locales. Les ARD disposent d'un Conseil d'Administration qui est composé d'un représentant par collectivité locale de la Région; d'un Président de Conseil d'Administration qui est le Président du Conseil Régional de droit conformément à la loi; d'un Bureau qui a à sa tête un Directeur et d'un Comité technique. Le directeur de l'ARD est nommé par le Conseil d'Administration sur proposition du Président (de la Région); ce n'est pas un fonctionnaire de l'Etat ni un fonctionnaire élu des collectivité locales, mais il doit répondre à des exigences techniques et professionnelles précises. Le Directeur de l'ARD gère le budget de l'agence, dirige ses activités sur indication du Conseil d'Administration, nomme et gère le personnel de l'ARD et rend compte, au Conseil d'Administration, de toute opération qui entre dans ses fonctions. Selon la nouvelle classification de l'ARD, outre l'ensemble des organismes mentionnés, l'Agence comprend: une division de la planification et de la formation; une division de l'appui à la maîtrise d'ouvrage; une division d'appui au développement économique local; une division du suivi- évaluation et une division financière et administrative. Le Conseil d'Administration peut autoriser, par délibération, la création de tout autre division. L'Agence Régionale de Développement peut, en cas de besoin, s'appuyer sur les services techniques déconcentrés de l'Etat. Pour ce qui concerne les fonds disponibles pour l'ARD, il s'agit notamment de contributions provenant des communautés locales elles-mêmes, sur proposition du Conseil d'Administration; de fonds de l'État et ceux provenant de la coopération décentralisée. En effet, sur le plan du fonctionnement, les ARD bénéficient de l'appui financier du PNDL. Cet appui a permis de recruter un personnel de qualité dans plusieurs domaines, permettant ainsi aux ARD d'améliorer la qualité de leurs interventions et d'apporter un grand nombre d'innovations aussi bien dans la planification que dans la conduite des projets des collectivités locales. Toutefois ces fonds couvrent principalement les frais de personnel de l'ARD et de fonctionnement des structures; ils sont gérés, sur proposition du Conseil d'Administration, par un fonctionnaire nommé par le Ministère des Finances, qui a accès à un compte bancaire sur autorisation du Ministère. Malgré l'effort économique pour renforcer les ARD depuis 2003, il faut noter que ces structures n'ont pas réussi à exercer leurs fonctions en raison d'une limitation des domaines d'intervention de l'ARD; mais c'est surtout en raison de l'existence de multiples structures d'exécution des programmes et des projets financés de l'extérieur: ceux-ci, n'impliquant pas les ARD, soustrayaient les initiatives de développement à leur contrôle, réalisant une opération de délégitimation des ARD qui devenaient inefficaces16. Pour remédier à ces lacunes le décret n. 2006-201 redéfinit la structure et les objectifs de l'ARD avec l'intention de rendre ses organes plus dynamiques et plus participatifs. À la suite du décret de 2006 le Comité Technique de l'ARD a été supprimé; un personnel compétent a été recruté et le Conseil d'Administration restructuré. Ces modifications, bien qu'importantes, n'ont pas affecté les aspects fondamentaux de la gestion de l'ARD, aspects qui limitaient son fonctionnement, comme la gestion financière, le régime juridique, ou le traitement du directeur et des cadres. Ces éléments ont rendu nécessaire l'élaboration d'une loi (article 327 du Code des Collectivités Locales) qui a abrogé le décret de 2006. 16 Evaluation contenue dans la justification au décret n. 2008-5167 du 20 mai 2008. En 2008, le Code des Collectivités Locales prévoit donc que l'objectif de l'ARD est de coordonner et d'harmoniser les initiatives de développement local; de faciliter la planification des collectivités locales et de les rendre cohérentes avec les plans de développement locale et national; de suivre et d'évaluer les programmes et les plans d'action du développement local. Aujourd'hui, les 14 Régions du Sénégal disposent toutes d'une Agence Régionale de développement.

Points forts et faiblesses de la planification et concertation[17]

Les points forts du Système National de Planification consistent dans les facteurs suivants: Un processus participatif: la planification suppose une implication de l'ensemble des acteurs territoriaux. En effet, la formulation de la vision de l'avenir ne peut émaner que des acteurs locaux. Elle exige la mise en place d'un processus de concertation et de négociation qui accorde à chaque acteur sa place dans les structures et modalités de mise en oeuvre ainsi que dans les étapes de la planification. La participation à la construction d'un «intérêt général local» communal traduirait l'existence d'une «âme locale» susceptible de construire une véritable collectivité locale basée sur un «vivre ensemble» et sur des intérêts mutuels. Cet aspect exige que la planification communale ait un caractère participatif important et que, par conséquent, l'implication des populations, hommes et femmes, jeunes et vieux, devienne centrale; Un processus porté par les institution collectives et supporté par les autres acteurs locaux et les organisations de base. Les collectivités locales et la société civile locale ne sont pas uniquement associées mais constituent le centre du processus; Un processus endogène: l'usage maximal des ressources humaines locales qui reconduit le processus et assure le suivi. Les populations locales sont les bénéficiaires d'un programme de formation adapté qui est orienté vers un accompagnement par l'expertise locale (ARD - Services Techniques Déconcentrés). La planification régionale utilise les orientations données par la planification centrale comme référence pour concevoir le développement économique et social de la Région. La force de l'approche réside dans le fait qu'elle responsabilise les acteurs qui interviennent au niveau local, facilite la coordination et l'harmonisation des procédures et des modes d'intervention sur le terrain. Elle permet également un renforcement des capacités des élus locaux ainsi qu'une économie de ressources et de temps. Par ailleurs, l'approfondissement du processus de la décentralisation et de la politique de bonne gouvernance constituent des éléments essentiels pour approfondir et parfaire le Système de Planification Nationale. Les principales faiblesses et contraintes liées au Système National de Planification ont trait au cadre institutionnel, organisationnel et juridique d'intervention, mais aussi au déficit en ressources humaines et financières des collectivités locales. Ces faiblesses sont relatives aussi et surtout au manque de clarté des rôles et des responsabilités des acteurs de la décentralisation et du développement local. Les différents documents de Planification territoriale (PRDI- PIC- PLD) comme une série d'autres schémas d'aménagement du Territoire (STRAT- PDU- PODES) se sont, pour la plupart, révélés peu efficaces; en voici les raisons:

a) La planification est souvent ressentie comme une simple tâche administrative, l'exercice de planification donne souvent lieu à une production ritualiste d'un document qui liste des projets parfois sans cohérence et qui ne traduit pas de véritable stratégie de développement

b) Le processus de planification est parfois trop long à élaborer et trop lourd à mettre en oeuvre. Les plans élaborés de façon standardisée se sont révélés trop rigides pour pouvoir s'adapter aux spécificités des différents territoires et de leurs dynamiques de développement;

c) La mise en oeuvre de politiques locales dans les domaines de compétences de première nécessité pour la vie quotidienne des citoyens et le degré d'autonomie consenti par les dispositions légales, sont entravés par la faiblesse des ressources humaines et financières des collectivités locales. Les collectivités territoriales ont du mal à exercer pleinement les compétences qui leur seront dévolues, et ce, en raison du fait que l'État n'organise pas les transferts de ressources nécessaires ni n'effectue les efforts de renforcement institutionnel et technique indispensables;

d) La multiplicité des interventions, associée à l'absence d'un cadre harmonisé des démarches méthodologiques des différents acteurs, ne milite pas en faveur d'une plus grande efficacité et d'une lisibilité des actions de développement local. Cette situation est dénoncée par tous les acteurs intervenant dans ce domaine. Si sur le plan juridique il n'y a pas de hiérarchie entre les collectivités locales, «Aucune collectivité locale ne peut établir ou exercer de tutelle sur une autre»; le processus de développement économique et social exige une cohérence d'ensemble qui veut que les préoccupations de la Région intègrent celles des autres ordres de collectivités locales, notamment au niveau des Communes et des Communautés rurales qui la composent. De leur coté, les Communes et les Communautés rurales doivent aussi prendre en compte l'environnement dans lequel elles évoluent, à savoir la Région.

Quel rôle pour la coopération décentralisée italienne?[18]

En raison de l'absence de ressources économiques pour la réalisation des plans de développement local, les collectivités locales sénégalaises se réfèrent de plus en plus, depuis 1996, à la coopération décentralisée et font appel aux ressources externes pour promouvoir le développement local, indépendamment des organes de l'Etat. Cette situation explique que la coopération décentralisée connaisse depuis quelques années une percée remarquable dans la promotion des politiques locales. En outre, grâce à la contribution de fonds externes, elle joue un rôle important dans la promotion de la décentralisation et du renforcement de l'autonomie des structures décentralisées. Aujourd'hui, on assiste un peu partout à la multiplication des signatures relatives aux conventions de coopération. Cette surenchère semble toucher tous les niveaux de collectivités locales, surtout dans la promotion de l'accès aux services sociaux de base (accès à l'éducation, à la santé, à l'eau) et la promotion de l'économie populaire de même que celle de la bonne gouvernance et du développement local. Dans ce dernier secteur, d'importantes actions sont menées pour renforcer les collectivités locales en matière de gestion et pour encourager les dynamiques de concertation. Le développement territorial fait partie de la stratégie d'intervention de la Coopération Italienne dans tous ses programmes. L'ensemble des projets réalisés au Sénégal vise à renforcer le rôle des différents acteurs à partir des collectivités locales, des services déconcentrés de l'Etat et aussi de la société civile, en créant des partenariats gagnant-gagnant entre les acteurs publics et privés pour un développement local effectif et efficace. Dans cette optique, les acteurs du développement économique local au niveau régional, tels que les Régions et leurs bras techniques, jouent un rôle déterminant. La nouvelle volonté réformatrice affichée par les autorités sénégalaises dans le cadre de l'Acte III de la décentralisation, témoigne non seulement du dynamisme du secteur mais aussi de la reconnaissance du rôle des collectivités locales en tant que premiers acteurs et moteurs du développement économique intégré. Le programme «Connaissance Innovatrice et Développement local (CIDEL)» s'inscrit dans les documents stratégiques sénégalais car il vise à soutenir le processus de développement économique local en tant qu'il représente une méthode d'appropriation et de gouvernance des initiatives de développement. Le Programme CIDEL est financé par la Coopération Italienne et mis en oeuvre en partenariat avec le Ministère de l'Aménagement du Territoire et des Collectivités Locales, à travers la Cellule de Planification et d'Evaluation Technique des Programmes et Projets qui en assure l'ancrage technique. Le programme vise non seulement à renforcer le processus de développement économique local en tant que méthode d'appropriation et de gouvernance des initiatives de développement, mais aussi à harmoniser les interventions jusque là éparses, voire spontanées, de la Coopération décentralisée Italienne au Sénégal. En outre, à travers le transfert de «savoir faire» en faveur des collectivités locales et des Agences Régionales de Développement, le CIDEL vise à soutenir les Régions en tant qu'acteurs intermédiaires de la planification et d'une vision stratégique du développement local intégré. Le programme cherche à fournir une meilleure préparation stratégique pour les acteurs du développement local, tels que les Régions et leurs organes techniques, en vue de favoriser une vision durable du développement économique local. Le programme CIDEL vise à fournir des instruments concrets en vue d'harmoniser les interventions jusque là spontanées de la Coopération Décentralisée Italienne au Sénégal. Ceci se fera à travers une stratégie de priorités territoriales et de synergies avec les autres programmes de la coopération italienne: la Plateforme d'appui au secteur privé et à la valorisation de la diaspora sénégalaise en Italie (PLASEPRI), le Programme intégré de développement économique et social (PIDES) pour la Région de Kaolack et le PLASEPRI, mais aussi le Programme d'appui au Pnia Sénégal PAPSEN pour la Région de Sedhiou. Le processus, guidé par les collectivités locales sénégalaises, en particulier par les Régions, a comme objectif de favoriser une vision de développement territorial intégré qui soit inclusive des acteurs publics et privés et qui prévoie également des actions pour renforcer les relations avec la Coopération Décentralisée Italienne afin que les collectivités sénégalaises puissent orienter et guider les partenariats, en fonction de leurs priorités et en harmonisation avec leur plan de développement. La CIDEL vise à renforcer le cadre institutionnel, organisationnel et technique du Ministère de l'Aménagement du Territoire et des Collectivités Locales (MATCL) au Sénégal, et prend en compte l'ensemble des activités visant à appuyer le Ministère dans sa mission d'accompagnement et de soutien aux collectivités locales sénégalaises. Parmi ces activités il y a le renforcement des capacités et le fonctionnement de la Cellule de Planification et d'Evaluation Technique des Programmes et Projets (CPETPP) aussi bien comme structure d'ancrage du Programme que comme organe en charge de l'animation du processus de révision du cadre stratégique du MATCL avec l'élaboration d'un système de suivi-évaluation nécessaire dans le processus de mise en place, au sein des administrations et des contrats de performance. Le Programme prévoit aussi l'appui au MATCL pour la redéfinition des critères d'allocation des ressources de l'Etat aux collectivités locales. En outre, le CIDEL travaille sur la mise en place de bases de données sur les finances locales et l'appui aux stratégies de communication; celles-ci visent à accompagner et à soutenir le Ministère (MATCL) dans le processus d'harmonisation et d'appropriation des instruments et des outils de communication avec l'élaboration du Guide des partenariats innovants entre les territoires, la Cartographie interactive de la Coopération Décentralisée et l'Atlas des Collectivités Locales. Il met en relation ces différents outils et son objectif est de créer une stratégie de communication efficace et durable permettant une plus grande visibilité du MATCL à travers un site web actualisé. Le CIDEL renforce la promotion de la coopération décentralisée tant au Sénégal qu'à l'étranger en créant un cadre de pilotage harmonisé et cohérent qui puisse être utile à tous les acteurs (collectivités locales, Cellule, MATCL, acteurs de la société civile et privés). Parallèlement à ces actions, trois instruments sont mis en place en collaboration avec KIP IS (www.kip-un.org) et le Comité Scientifique, pour assurer le suivi et la promotion de la coopération décentralisée. Il s'agit de l'élaboration d'un guide des partenariats innovants entre territoires: le cas italo-sénégalais sert de référence pour les collectivités locales sénégalaises et italiennes qui désirent entrer en partenariat de coopération décentralisée et permettra d'expliquer les procédures, les contraintes, les opportunités, la valeur ajoutée et les instruments à utiliser pour bien profiter de cette opportunité visant un partenariat gagnant-gagnant. Une Cartographie interactive de la Coopération Décentralisée (www.cooperationdecentralisee.sn), déjà prévue dans toutes les versions précédentes du Plan de Travail du Programme est rendue opérationnelle. Un Atlas des Collectivité Locales sénégalaises est élaboré en partenariat avec KIP IS et constitue un instrument efficace pour la visibilité et la promotion des collectivités locales. L'atlas est mis en lien avec les autres instruments, notamment la Cartographie et le Guide. Dans l'atlas chaque Région du Sénégal, en commençant par les Régions cibles du Programme, intègre l'ensemble des documents de politique, de planification et de diagnostic qui existent, de même que les outils de marketing territorial. Des actions pour la promotion d'outils et de stratégies partenariales pour le développement local sont mises en place pour renforcer au niveau régional et stratégique la vision d'un développement économique local intégré pour les acteurs locaux et l'univers scientifique avec le transfert d'outils et de connaissances nécessaires pour favoriser une bonne appropriation et le partage au niveau local, national et international de ces dits outils et connaissances. À travers le marketing territorial, des brochures de promotion des territoires seront élaborées. Il existe un axe fondamental pour le CIDEL; c'est la mise en relation des collectivités locales italienne et sénégalaises comprenant des visites en Italie qui constitueront une suite par rapport à la première visite de prise de contact qui a été effectuée au mois d'octobre 2013. Cette visite se fera à la fin du processus de production des brochures dans les Régions de Kaolack et Sedhiou afin de pouvoir continuer les procédures de demandes de partenariats de coopération décentralisée entre les collectivités locales italiennes et les collectivité locales sénégalaises. Pour ces visites en Italie, c'est l'Ecole International KIP qui organise les rencontres avec les collectivités locales italiennes et qui fournit l'assistance technique une fois en Italie. Depuis la création de l'UTL de Dakar en 2006, la Coopération Italienne au Sénégal, compte tenu de l'outil de la Cartographie interactive de la Coopération Décentralisée crée par le MATCL, a élaboré un data base qui est mis à jour chaque fois que des cadres de coopération décentralisée se présentent dans le pays. Ce data base nous présente la situation de la coopération décentralisée au Sénégal à partir de l'année 1988 et se base sur un regroupement des collectivités locales italiennes en Régions:

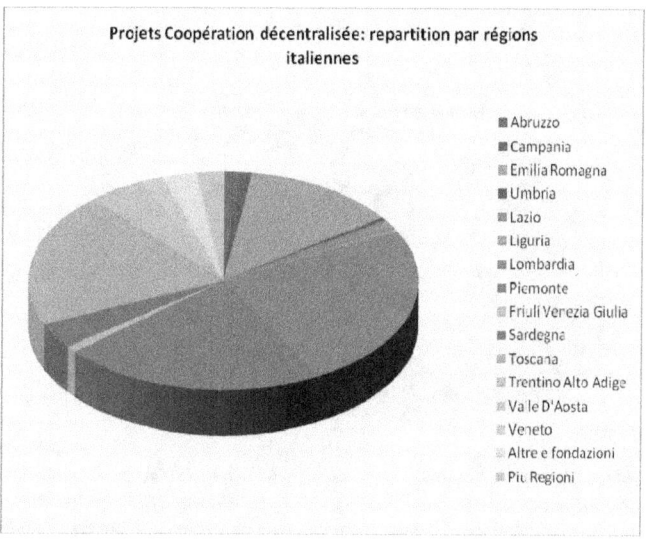

Projets Coopération décentralisée: repartition par régions italiennes

- ■ Abruzzo
- ■ Campania
- ▩ Emilia Romagna
- ■ Umbria
- ▩ Lazio
- ▩ Liguria
- ■ Lombardia
- ■ Piemonte
- ▩ Friuli Venezia Giulia
- ■ Sardegna
- ▩ Toscana
- ▩ Trentino Alto Adige
- ▩ Valle D'Aosta
- ▩ Veneto
- ▩ Altre e fondazioni
- ▩ Piu Regioni

Régions italiennes Nb Projets Abruzzo 3; Campania 2; Emilia Romagna 27; Umbria 1; Lazio 3; Liguria 1; Lombardia 52; Piemonte 46; Friuli Venezia Giulia 2; Sardegna 8; Toscana 42; Trentino Alto Adige 10; Valle D'Aosta 1; Veneto 3; Altre e fondazioni 6; Piu Regioni 5. Total 212

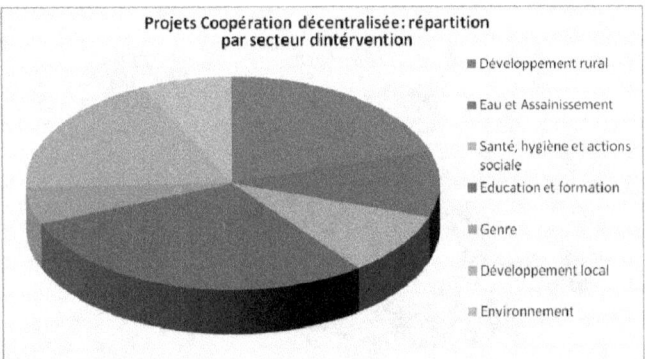

Secteurs Nb Projets: Développement rural 43; Eau et Assainissement 21; Santé, hygiène et actions sociale 20; Education et formation 62; Genre 12; Développement local 39; Environnement 15. Total 212

Depuis 1988, la Coopération Décentralisée Italienne a conclu, selon le data base élaboré, 146 accords de partenariat entre organismes territoriaux italiens et sénégalais. Ces accords de coopération ont rendu possible la mise en oeuvre de stratégies de développement fondées sur la valorisation du patrimoine naturel, économique et social des territoires. Cette dynamique, enclenchée par des initiatives de coopération décentralisée, a contribué en même temps à renforcer le processus de décentralisation territoriale en cours dans le pays et à fournir aux instances territoriales les ressources financières, humaines et techniques nécessaires pour faire des institutions locales et des acteurs de la société civile sénégalaises les protagonistes de nouveaux défis du développement. Parallèlement, le rôle joué par d'autres acteurs, comme les associations de migrants, les universités, les institutions de soin et de santé, les PME et les cadres territoriaux concertés, est décisif pour faire du développement un processus participatif et inclusif. Tous les sujets deviennent les promoteurs des initiatives de coopération en agissant comme un lien entre territoires et c'est dans ce cadre que le CIDEL, la Coopération Italienne et les collectivités locales pourront continuer à jouer un rôle fondamental pour la promotion d'une approche participative du développement local.

NOTES

13 *Par Makha Sarr, Conseiller Technique du Project CONCERT-ACTION, Region de Louga, Sénégal.*

14 *Par M. Oumar Wade, Ministère de l'Aménagement du Territoire et des Collectivités Locales du Sénégal, Cellule de Planification et d'Evaluation technique des programmes et projets. La mise à jour du document concernant l'état des travaux sur l'acte III de la décentralisation date du 24 décembre 2013.*

15 *La partie relative à la Concertation a été écrite par Makha Sarr, Conseiller Technique du Projet CONCERT-ACTION. Région de Louga, Sénégal. La partie relative à la planification a été écrite par Magueye Thiane, Economiste Planificateur.*

16 *Ecrit par Magueye Thiane, Economiste Planificateur.*

17 *Ecrit par Magueye Thiane, Economiste Planificateur.*

18 *Ecrit par Fabio Longobardi, Expert en Décentralisation et Coopération Décentralisée de la Coopération Italienne au Développement. Ministère des Affaires étrangères.*

3. LA DÉCENTRALISATION ET LA DÉCONCENTRATION AU BURKINA FASO

Adama Belemvirè

La Constitution burkinabè de 1991 a ouvert la voie à une décentralisation progressive et à l'organisation du pays en collectivités territoriales, afin de garantir la participation démocratique des citoyens à la vie publique et une gestion plus efficace des services essentiels. Cinq lois constituent la base de la décentralisation au Burkina Faso.[19]

Ces lois instituent les principes de l'organisation et de l'administration du territoire, l'organisation municipale, et le statut spécial des municipalités de Bobo Dioulasso et Ouagadougou; la Commission Nationale de Décentralisation (CND) est un organe interministériel placé sous la tutelle du Premier Ministre et qui est chargé d'élaborer des outils pour appuyer la gestion des collectivités locales, comme la création de Fonds de démarrage des Communes (FODECOM) et le Service d'appui à la gestion et au développement des Communes (SAGEDECOM). (Cirpec 2008). Les collectivités territoriales (Communes et Régions) bénéficient du statut de personnalité juridique et sont financièrement autonomes, elles sont administrées dans le respect des lois et des règlements en vigueur. La décentralisation prévoit l'élection au suffrage universel de conseils municipaux et régionaux qui coordonnent, pour une période de cinq ans, les affaires sociales après délibération; ceux-ci, à leur tour, éliront parmi les membres des conseils, le maire, le président de la Région et leurs adjoints, qui exerceront les fonctions exécutives. Toutefois la première partie du processus de décentralisation au Burkina Faso avance lentement, surtout en ce qui concerne les provinces; elles étaient prévues en 1993 puis finalement supprimées en 1998. Dix ans après (et depuis 1991) seulement 16% du territoire national est décentralisé (Cirpec 2008). Pour sortir de cette impasse, le Ministère de l'Administration Territoriale et de la Décentralisation (MATD) a été créé en 2000 avec la Direction Générale de la Décentralisation. Le Ministère de l'Economie, des Finances et de la Planification est chargé de gérer le Programme National de Gestion des Territoires (PNGT)[20] et le Ministère de l'Infrastructure et Urbanisme est chargé de soutenir le processus de décentralisation dans les limites de ses compétences. Une deuxième phase du processus de décentralisation commence officiellement à partir de 2004 avec la création du Code Général des Collectivités Territoriales (CGCT) qui décrète la décentralisation sur l'ensemble du territoire national. Les 351 Communes (49 urbaines et 302 rurales) élisent en 2006, treize conseils régionaux. Aujourd'hui, le travail consiste à mettre en place les conseils régionaux et municipaux. Avec le processus de décentralisation engagé au Burkina Faso, les collectivités territoriales, dans leur majorité, rencontrent des difficultés pour assumer pleinement leur maîtrise d'ouvrage. L'une des raisons en est par exemple la faiblesse structurelle des ressources financières propres et le déficit en ressources humaines qualifiées, mais aussi la faible capacité technique dans l'élaboration et la mise en oeuvre des projets, sans compter la faible, voire l'absence de synergie entre les Communes et les partenaires ou acteurs accompagnant la décentralisation. C'est pourquoi l'Etat, dans le cadre de son accompagnement aux collectivités territoriales pour la conduite de leurs missions de développement, a engagé depuis 2011, processus de concertations qui a abouti à la décision de créer des ARD[21] pour exercer la maîtrise d'ouvrage qui a été déléguée au profit des collectivités. On voit donc que, au niveau national, le processus de mise en place des ARD sur l'ensemble des 13 Régions est en marche grâce à un ensemble de textes qui ont été finalisés en 2012. En 2013, plusieurs ateliers ont permis à l'ensemble des acteurs, d'affiner et d'adopter les projets de textes pour la mise en oeuvre effective des ARD au Burkina Faso. Enfin en janvier 2014, le Conseil des ministres a adopté le décret portant sur la création, l'attribution, l'organisation et le fonctionnement des Agences Régionales de développement (ARD). L'adoption de ce décret a permis la mise en place des Agences Régionales de développement (ARD) dans les Régions afin de booster le développement local. Ce qui ressort de l'organisation des partenaires techniques pour leur mise en oeuvre en terme de partage de l'accompagnement à la mise en place des ARD sur le terrain, peut être énoncé de la façon suivante:

- l'Union Européenne sera responsable de la mise en place de 6 ARD dans les zones d'intervention du PACT. Il s'agit des ARD du Plateau Central, du Centre Sud, du Sahel, du Centre-Ouest, de la Comoé, et du Centre Est;

- le PNUD sera responsable de la mise en place de 3 ARD dans la Boucle du Mouhoun, le Sud-Ouest et le Centre;

- la Coopération française est déjà présente dans les Hauts Bassins;

- la Coopération suisse sera responsable de la mise en place de 3 ARD dans ses zones de concentration; il s'agit des Régions de l'Est, du Nord et du Centre Nord.

Selon le Code Général des Collectivités Territoriales adopté en 2004, l'État reconnait explicitement certains domaines de compétence dans lesquels les collectivités territoriales doivent «concourir au développement économique, social, sanitaire, éducatif, culturel et scientifique, ainsi qu'à la protection, à la valorisation des ressources naturelles et à l'amélioration de la qualité de vie». Les domaines de compétences affectés par la loi aux collectivités territoriales selon le principe de subsidiarité sont: le secteur foncier; la gestion du territoire, des propriétés foncières et du secteur de l'urbanisme; le domaine et la gestion des ressources humaines; le développement économique et la planification; la santé et l'hygiène; l'instruction, la formation professionnelle et l'alphabétisation; la culture, le sport et les loisirs; la protection civile, l'assistance et les secours; les pompes funèbres et les cimetières; l'eau et l'électricité; les marchés, les abattoirs et les foires. (Stocchiero 2010) Le transfert de compétences, toutefois, avance lentement selon le principe de progressivité, et en avril 2009, le gouvernement a procédé à la décentralisation des ressources et des compétences uniquement à l'intérieur des Communes urbaines, dans les secteurs d'approvisionnement en eau et des égouts; de la culture, de la jeunesse et des sports et loisirs; de la santé; de l'enseignement préscolaire, primaire et de l'alphabétisation; des ressources humaines. Parallèlement au processus de décentralisation qui, selon le Code Général des Collectivités Territoriales reconnaît les Régions et les Communes comme des organes administratifs du territoire élus au suffrage universel, il existe un processus de déconcentration, avec la participation des organes de l'Etat central déployés sur tout le territoire national pour gérer les intérêts de l'Etat, notamment en matière d'ordre public, de respect des lois, de protection civile et de la gestion du patrimoine immobilier. Les organes déconcentrés de l'Etat sont le préfet du département, le haut-commissaire de la province et le gouverneur de la Région.

Le cadre normatif

On peut entendre par décentralisation, une forme d'organisation institutionnelle qui permet à des organes délibérants élus de gérer les affaires d'une collectivité territoriale ou locale. S'appuyant sur le principe de la personnalité morale, des pouvoirs de décisions sont reconnus à ces entités administratives qui sont différentes de l'État et qui ne sont pas reliées à lui par une relation de hiérarchie. C'est pourquoi le concept de décentralisation concerne les aspects administratifs, financiers et politiques. Au Burkina Faso, la décentralisation est une délocalisation de la gestion administrative, permettant de transférer le pouvoir de prendre certaines décisions aux représentants locaux de l'État, qui demeurent soumis, cependant, à l'autorité hiérarchique centrale. Cela n'empêche pas que la décentralisation va souvent de pair avec la déconcentration. La décentralisation officialise le droit des collectivités territoriales à s'administrer librement et à gérer leurs propres affaires en vue de promouvoir le développement à la base et de renforcer la gouvernance locale. La loi n° 055-2004/AN du 21 décembre 2004 relative au Code Général des Collectivités Territoriales au Burkina Faso définit deux niveaux de collectivités qui sont la Région et la Commune. Il existe trois statuts concernant la Commune: la Commune rurale, la Commune urbaine et la Commune à statut particulier. Le territoire national, lui, est organisé en 302 Communes rurales, 47 Communes urbaines, 12 Communes à statut particulier, et 13 Régions. L'accompagnement de la décentralisation par la déconcentration a fait évoluer l'organisation des circonscriptions administratives de la façon suivante:

- en 2001, les circonscriptions administratives étaient le village, le département et la province;

- en 2003, la nomenclature des circonscriptions administratives est passée de trois échelons à quatre avec la création de la Région;

- en 2004 avec la suppression du niveau village dans le cadre de la communalisation intégrale, le nombre d'échelons est ramené à trois.

La mise en oeuvre de la décentralisation vise à assurer le développement local des collectivités territoriales à terme. Ce qui demande un ensemble d'exigences: le fonctionnement efficace des structures organisationnelles et institutionnelles de mise en oeuvre du processus; le renforcement des capacités d'élaboration et de mise en oeuvre des plans de développement locaux; la mise en cohérence et l'articulation des politiques nationales et sectorielles en vue de l'élaboration d'une démarche globale qui s'articule autour du développement local. Grâce au processus de décentralisation administrative, les collectivités territoriales réussissent aujourd'hui à organiser des élections effective et régulière. Cela est dû à la mise en place d'instruments de financement du processus de décentralisation, instruments qui ont joué un grand rôle dans le démarrage effectif des Communes, avec l'appui des partenaires financiers (SAGEDECOM/AGEDECOL, FODECOM/FODECOL, FICOM/FICOD). Cependant, les secteurs en charge du développement ressentent la nécessité de s'engager dans le processus de décentralisation qui doit constituer pour eux un outil d'impulsion et de responsabilisation des bénéficiaires dans un cadre formalisé, consensuel et souple. Toutefois, le processus est lent. Le transfert des compétences et des ressources aux collectivités est guidé par le principe de progressivité, c'est-à-dire qu'il s'opère graduellement en fonction du niveau d'appropriation des collectivités territoriales et des capacités de mise en oeuvre par l'Etat. Jusqu'à présent, la plupart des politiques sectorielles n'intègrent pas suffisamment la dimension de la décentralisation. Les bases de renforcement de la déconcentration établies par la loi n° 013-2001 / AN du 02 juillet 2001 qui apporte une modification des textes d'orientation de la décentralisation, repose sur la création des Régions circonscriptions administratives. La nomination et l'installation des Gouverneurs en 2004 traduit la volonté effective de considérer la Région comme le niveau focal de déconcentration. Aussi, chaque département ministériel est amené à s'organiser en services déconcentrés, en fonction de ce nouveau decoupage. Il faut donc noter une forte centralisation de l'Etat au sens où les délégations de pouvoir et de signature, du niveau central aux représentants des services déconcentrés, restent à assurer et où l'équipement des services déconcentrés demeure insuffisant.

Cadre Institutionnel de la décentralisation et du développement local

Sur le plan institutionnel, il y a principalement deux types de structures au niveau national qui sont les structures administratives et les structures consultatives et de concertation. En ce qui concerne les structures administratives, le dispositif prévoit au plan national des structures qui sont chargées d'élaborer les orientations et les stratégies de planification locale, de définir les modalités d'appui accompagnement et de contrôler le processus de planification locale. Parmi ces structures, qui proviennent pour la plupart des Ministères chargés de l'aménagement du territoire, de la planification économique et de la décentralisation, on peut citer: la Direction

Générale de l'Aménagement du Territoire et d'Appui à la Décentralisation (DGAT-AD) et la Direction Générale des Collectivités Territoriales (DGCT). La Direction Générale de l'Aménagement du Territoire et d'Appui à la Décentralisation est chargé des analyses économiques, sociales et institutionnelles en vue de la mise en oeuvre de la Politique Nationale d'Aménagement du Territoire (PNAT), mais aussi de la conception des outils et instruments pour accompagner le développement local et régional tels que les guides de planification locale. La Direction Générale des Collectivités Territoriales, quant à elle, est chargée de l'appui-accompagnement des collectivités territoriales pour promouvoir le développement et la bonne gouvernance. En ce qui concerne les structures consultatives et de concertation, elles sont représentées par le Conseil National d'Aménagement et de Développement Durable du Territoire (CONADDT), le Conseil National pour l'Environnement et le Développement Durable (CONEDD), le Cadre National de Concertation des Partenaires du Développement Rural (CNCPDR) et la Commission Nationale d'Aménagement et de Développement Durable du Territoire (CNADDT). Le Conseil National d'Aménagement et de Développement Durable du Territoire a comme fonction de formuler ses avis et suggestions sur les orientations et conditions de mise en oeuvre, par l'Etat et les collectivités territoriales, de la politique nationale d'aménagement et de développement durable du territoire. Le Conseil National pour l'Environnement et le Développement Durable a pour tache, la mission d'assurer le suivi et la mise en oeuvre des engagements du Burkina Faso en matière d'environnement; en outre il élabore les outils nécessaires à la coordination et à l'harmonisation des politiques sectorielles dans le domaine de l'environnement. Le Cadre National de Concertation des Partenaires du Développement Rural, quant à lui, a été chargé de promouvoir une stratégie globale de mise en oeuvre du développement rural décentralisé. Enfin, la Commission Nationale d'Aménagement et de Développement Durable du Territoire a la responsabilité de l'examen et de l'adoption de l'avant-projet du schéma national, des projets de schémas régionaux, provinciaux et directeurs d'aménagement du territoire d'intérêt national, des projets de schémas d'organisation fonctionnelle et d'aménagement ainsi que des directives territoriales d'aménagement. Au niveau local, les types de structures qui constituent le cadre institutionnel de la planification locale sont au nombre de quatre. Ce sont les structures administratives, le dispositif d'élaboration du plan régional de développement (PRD), les structures consultatives et de concertation et les structures d'adoption et d'approbation. En ce qui concerne les structures administratives, bien que les structures déconcentrées participent dans l'ensemble à l'animation du processus de planification locale, ce sont les Directions Régionales de l'Économie et de la Planification (DREP) qui constituent le cadre institutionnel de référence. Les Directions Régionales de l'Économie et de la Planification sont en effet des structures déconcentrées du Ministère de l'Economie et des Finances, avec pour mission la planification du développement dans leurs ressorts territoriaux. C'est pourquoi, elles sont chargées du suivi de l'application de la règlementation en matière de gestion des projets/programmes de développement, de l'appui, coordination, élaboration et mise en oeuvre des plans et programmes de développement et enfin, du suivi de la mise en oeuvre des politiques publiques (Arrêté du MEF-2012). Le dispositif d'élaboration du PRD comprend de nombreuses structures qui sont énumérées ci-après: a) Le comité de pilotage qui est chargé de définir les orientations et la stratégie d'élaboration du PRD, de veiller au bon déroulement du processus de planification, de s'assurer de la participation effective des différentes structures à toutes les phases; b) le Conseil Régional, en tant que maître d'oeuvre de l'ensemble du processus, avec la compétence de décision; c) les représentants des conseils municipaux; d) l'équipe technique pluridisciplinaire constituée par les représentants de services techniques comme la DREP, l'agriculture, l'environnement, l'élevage, etc. cette équipe valide les documents intermédiaires du processus de planification et veille à la qualité de la planification; e) la commission ad hoc qui joue le role d'intermédiaire entre le comité de pilotage et le consultant et qui est chargé d'animer le processus et de mobiliser les populations et les acteurs; f) le prestataire de service qui assure la facilitation et qui produit les informations nécessaires aux échanges entre les communautés en les assistant dans le processus de planification. Il est spécialisé dans le diagnostic participatif et la planification participative. Les structures consultatives et de concertation sont représentées par les Commissions Régionales d'Aménagement et de Développement Durable du Territoire (CRADDT)[22], les Cadres de Concertation

Régionaux (CCR).[23] Enfin, en ce qui concerne les structures d'adoption et d'approbation, le Conseil Régional est la structure d'adoption du Plan Régional de Développement. En tant qu'organe délibérant de la collectivité territoriale, il assure la maîtrise d'ouvrage du processus de planification et de développement régional; il élabore et adopte le PRD, contrôle son exécution et assure son évaluation périodique. Cependant, avant d'être adopté, le PRD est validé par un comité technique composé des services techniques de l'Etat (Economie et planification, agriculture, élevage, environnement...), des représentants des chambres consulaires, des projets et des ONG intervenant dans la collectivité territoriale. Il a pour mission de valider les rapports définitifs du diagnostic et du PRD tout en assurant la cohérence du plan avec les politiques publiques. Le Gouverneur est l'autorité responsable de l'approbation du PRD.

La planification locale et son articulation au Burkina

La planification locale est un processus qui se déroule au niveau local. Au Burkina Faso, les textes officiels qui définissent les niveaux de planification sont la Réforme Agraire et Foncière, le Code Général des Collectivités Territoriales, la Lettre de Politique de Développement Rural Décentralisé et la Politique Nationale d'Aménagement du Territoire. En matière de planification spatiale, la Réforme Agraire et Foncière distingue trois niveaux. Il s'agit de la Région, de la province et de la Commune. Les instruments de planification spatiale à ces différentes échelles sont constitués par les

Schéma Régional d'Aménagement et de Développement Durable du Territoire au niveau régional, les Schéma Provincial d'Aménagement et de Développement Durable du Territoire au niveau provincial, les Schéma Départemental d'Aménagement et de Développement Durable du Territoire et les Schémas Directeur d'Aménagement et d'Urbanisme au niveau communal. En matière de planification socio-économique, avec l'adoption du Code Général des Collectivités Territoriales, deux échelles de planification sont définies: la Région avec le Plan Régional de Développement (PRD) et la Commune avec le Plan Communal de Développement (PCD). Il s'agit en général de plans quinquennaux qui sur la base de diagnostics approfondis définissent des secteurs prioritaires d'intervention, des activités à réaliser; ils ont leur budget, leur chronogramme, et leurs personnes responsables. A titre d'exemple, le Plan Régional de Développement de la Région du Nord est un document de plus de 200 pages. Se basant sur les problématiques qui caractérisent la Région et qui ont été établies après diagnostic, il définit quatre axes stratégiques pour traduire les principaux enjeux de développement de la Région du Nord:

1) Axe 1- Création de richesses matérielles

2) Axe 2- Valorisation (ou développement) du capital humain et social

3) Axe 3- Développement des secteurs de soutien à la production.

4) Axe 4- Renforcement de la gouvernance locale et de la participation citoyenne

Pour chaque axe, des objectifs ont été définis et des actions proposées. Le plan qui a été défini pour la période 2010-2014 est estimé à un coût de 20.913.000,000 FCFA. Dans la Région du Centre, en vue de l'élaboration de la stratégie, le Conseil Régional tenant compte des conclusions du diagnostic, a défini ainsi sa vision de développement: «une Région du centre métropolitaine, compétitive, totalement sécurisée, économiquement rayonnante et attrayante, jouissant d'un développement durable et harmonieux entre ville et campagne à l'horizon 2025». De façon concrète, cette vision découle des orientations stratégiques suivantes:

- assurer un aménagement rationnel et fonctionnel de la Région métropolitaine du Centre

- faire de la Région du Centre un territoire économiquement rayonnant, compétitif et attractif

- favoriser une croissance durable des territoires

- améliorer l'accès aux services sociaux de base

- renforcer la gouvernance régionale

A partir de ces cinq orientations, 11 axes stratégiques, 28 objectifs stratégiques, 52 programmes et 112 actions prioritaires ont été définis. Pour la période du plan triennal

2010-2013, le coût estimé est de 6.851.200,000 francs CFA.

La planification spatiale et socio-économique sont interconnectés sur deux niveaux d'articulation pour garantir la cohérence entre le schéma d'aménagement et le plan local de développement: l'articulation verticale (entre les échelons) et l'articulation horizontale (à l'intérieur de l'échelon considéré). L'articulation verticale existe et se réalise entre des instruments de planification de même nature à savoir entre des schémas d'aménagement et des plans de développement. Quel que soit le niveau de planification où il se situe, le schéma d'aménagement est un outil de planification spatiale à long terme (15 à 25 ans). Il indique la destination générale des terres, les perspectives de développement du territoire ainsi que la nature et la localisation des infrastructures et des équipements structurants. La relation entre les différents schémas est de type hiérarchique. En effet, les instruments de niveau inférieur doivent être conformes aux instruments de niveau supérieur et traduire les orientations de ces derniers au niveau de l'échelon. C'est pourquoi: le Schéma Régional d'Aménagement et de Développement Durable du Territoire reste conforme au Schéma National d'Aménagement et de Développement Durable du Territoire et traduit les orientations de celui-ci au niveau de la Région; le Schéma Provincial d'Aménagement et de Développement Durable du Territoire reste conforme au Schéma Régional d'Aménagement et de Développement Durable du Territoire et traduit les orientations de celui-ci au niveau de la province; le Schéma Départemental d'Aménagement et de Développement Durable de la Commune et le Schéma Directeur d'Aménagement et d'Urbanisme restent conformes au Schéma Provincial d'Aménagement et de Développement Durable du Territoire et traduisent les orientations de ce dernier au niveau de la Commune ou de l'espace considéré. Cette articulation est rendue possible notamment par la présence de la Direction Régionale de l'Economie et de la Planification et par celle des représentants des structures des échelons inférieurs dans les instances des échelons de niveau supérieur. Par exemple, les représentants de la Commission Provinciale d'Aménagement et de Développement Durable du Territoire sont dans la Commission Régionale d'Aménagement et de Développement Durable du Territoire. De même qu'il n'existe pas de relations hiérarchiques entre les collectivités aux différents niveaux, il n'y a pas non plus de relations hiérarchiques entre les plans des différentes collectivités aux différents niveaux. Cependant, il existe un minimum de cohérence entre les différents plans pour éviter des contradictions flagrantes préjudiciables au développement harmonieux des différentes collectivités. En effet:

Le Plan Régional de Développement doit tenir compte des orientations sectorielles du Plan National de Développement (PND), des politiques et stratégies nationales de développement ainsi que de la localisation des équipements, infrastructures et ressources naturelles d'intérêt national.

Le PCD doit tenir compte des orientations sectorielles du PRD ainsi que de la localisation des équipements, infrastructures et ressources naturelles d'intérêt régional. Partout où le processus ECOLOC (Economies locales) est engagé, l'élaboration du PCD s'appuie sur les résultats de ce processus, notammentsur les comptes économiques locaux. L'articulation horizontale consiste dans l'articulation entre les instruments de planification d'un même échelon notamment entre les schémas et les plans aux différents échelons. Le Schéma Régional d'Aménagement et de Développement Durable du Territoire, instrument de planification spatiale à long terme au niveau régional, est le cadre de référence pour l'élaboration et la mise en oeuvre du plan régional de développement. Le Plan Régional de Développement, instrument de planification socio-économique de moyen terme (5 ans), tire ses orientations sectorielles et spatiales des perspectives sectorielles de développement et d'occupation de l'espace, définies dans le Schéma Régional d'Aménagement et de Développement Durable du Territoire. En outre, les objectifs de développement définis dans le Schéma Régional d'Aménagement et de Développement Durable du Territoire sont réalisés à travers la mise en oeuvre de plusieurs Plan Régional de Développement (3 à 5 plans suivant l'horizon temporel du Schéma Régional d'Aménagement et de Développement Durable du Territoire). L'articulation existant entre le Schéma Provincial d'Aménagement et de Développement Durable du Territoire et le Plan Communal de Développement est de même nature que celle entre le Schéma Régional d'Aménagement et de Développement Durable du Territoire et le Plan Régional de Développement. Le Schéma Provincial d'Aménagement et de Développement

Durable du Territoire est le cadre d'orientation pour l'élaboration et la mise en oeuvre des différents plans des Communes à l'intérieur de l'espace provincial. Mais en réalité, c'est l'articulation entre le Schéma Directeur d'Aménagement et de Développement Durable de la Commune et le Schéma Directeur d'Aménagement et d'Urbanisme qui devient essentielle dans le processus d'élaboration du Plan Communal de Développement. Le Schéma Directeur d'Aménagement et de Développement Durable de la Commune est un instrument de planification à long terme de la Commune. Il dot être consulté pour l'élaboration des plans aux différents échelons, en particulier pour la formulation des orientations et des objectifs sectoriels de développement. Le Plan Communal de Développement intègre les plans d'aménagement fonciers ruraux ou les chartes foncières locales. De plus, il prend en compte les schémas d'aménagement fonciers ruraux. Le Schéma Directeur d'Aménagement et d'Urbanisme (SDAU) est l'instrument de planification à long terme du développement des agglomérations urbaines. Il détermine la destination générale des terres dans le périmètre urbain. Il localise les zones à urbaniser, les zones non urbanisables ou à protéger en raison de leurs spécificités et enfin les grands équipements d'infrastructures. Comme le Schéma Provincial d'Aménagement et de Développement Durable du Territoire, le Schéma Directeur d'Aménagement et d'Urbanisme sert de cadre de référence et d'orientation pour l'élaboration et la mise en oeuvre du plan de développement de la Commune urbaine. Les objectifs de développement inscrits dans le Schéma Directeur d'Aménagement et d'Urbanisme sont exécutés dans le temps par plusieurs PCD qui se succèdent. L'articulation entre les schémas et les plans de développement à travers la prise en compte des orientations sectorielles et spatiales des schémas, est assurée par la présence de la Direction Régionale de l'Economie et de la Planification et effectuée à travers l'intégration des représentants des organes délibérants des collectivités territoriales dans les structures d'aménagement du territoire comme la Commission Régionale d'Aménagement et de Développement Durable du Territoire et la Commission Provinciale d'Aménagement et de Développement Durable du Territoire.

Acteurs Locaux et Concertation

Dans le processus de planification locale, plusieurs acteurs peuvent être mis en évidence; leurs rôles et leurs responsabilités peuvent être définis de la façon suivante. Le Conseil Régional est responsable de la maîtrise d'ouvrage de l'ensemble du processus de la planification locale; il impulse la dynamique de conception et de réalisation participative du plan, contrôle son exécution et en assure l'évaluation périodique. Il entreprend toute action en vue de promouvoir le développement économique, social, culturel, environnemental et il participe à l'aménagement du territoire régional. Les populations jouent un rôle de premier plan dans le diagnostic, la formulation des besoins, l'identification des projets et leur exécution, ainsi que dans le financement et le suivi évaluation des projets des plans. Leur participation est indispensable pour garantir la redevabilité des élus locaux, la réceptivité et la transparence dans la gestion des affaires locales. Les services techniques participent à l'identification, la faisabilité et la réalisation des actions de développement local. Ils apportent une assistance technique aux collectivités territoriales dans la mise en oeuvre des actions. Les prestataires de service et le secteur privé contribuent à la fourniture des biens et services aux collectivités dans le cadre de l'élaboration et la mise en oeuvre des actions du plan. Les autorités coutumières sont incontournables dans la résolution des questions locales liées notamment au foncier et à la gestion des ressources naturelles, mais aussi à la mobilisation des populations pour des actions de développement. La société civile, représentée par les associations, agences, opérateurs privés et ONG, a pour rôle d'accompagner et de favoriser la mise en oeuvre des politiques étatiques, à travers des actions d'appui, de conseils et de formation des populations à l'esprit de citoyenneté. Elle a aussi pour rôle d'interpeler les autorités sur les dysfonctionnements de l'administration. Dans le cadre de l'élaboration des plans locaux de développement, elle est très souvent présente à la fois dans les consultations et dans la composition des commissions ad hoc mises en place pour accompagner le processus d'élaboration. C'est ainsi qu'on retrouve très souvent les associations de femmes, les associations de jeunes, les ONG et associations, les autorités religieuses et coutumières, qui y sont représentées.

Il faut noter cependant que si les organisations de la société civile font des efforts pour participer au processus d'élaboration des plans locaux de développement, les exigences de temps (durée limitée accordée au processus et donc limitation des consultations) ne leur permettent pas de s'impliquer convenablement pour faire entendre leurs voix comme elles le souhaiteraient.

La participation dans la pratique: le cas de la Région du Nord

La situation que nous venons de décrire ne représente que la réalité théorique; dans la pratique, on rencontre souvent plusieurs cas de figures. En ce qui concerne la planification, les quatre Régions d'intervention du projet ont connu un développement différent: alors que le Houet, le Sahel et le Nord ont élaboré des plans régionaux de développement (2010-2014), la Région du Centre a, quant à elle, élaboré ce qu'elle a appelé une stratégie régionale de développement (2010-2025). A partir de cette stratégie, un plan 2010-2013 a été élaboré pour tenir compte du mandat du Conseil Régional et de l'importance du temps nécessaire à l'élaboration la stratégie. Lorsqu'on compare les processus au Nord et au Centre, on note une différente dans la conduite de la planification. Pour l'élaboration du PRD du Nord, les autorités coutumières et religieuses, les organisations socioprofessionnelles, les ONG et les associations de la Région ont été consultées à des degrés différents. Les acteurs se sont associés pour conduire le processus d'élaboration du PRD et fixer les ambitions en faisant porter les grandes thématiques par les services techniques régionaux, chacun selon son domaine d'action. Dans la Région du Centre, par contre, si les services techniques ont bien été associés au processus, toutes les thématiques ont été portées par la Région. A titre d'exemple, voici le processus utilisé par la Région du Nord pour élaborer son PRD: Pour développer son PRD 2010-2014, la Région du Nord grâce à un appui financier du PNUD a recruté un cabinet d'étude qui a été mandaté à titre de consultant pour animer le processus d'élaboration, suivant le guide méthodologique de planification locale élaboré au niveau national. La préparation qui relève du Conseil Régional a consisté à la mise en place des structures appropriées pour l'élaboration du Plan (commission ad hoc, commission technique restreinte). Quatre grandes activités ont marqué la phase de démarrage:

La campagne de sensibilisation: opérée par le Conseil à travers l'ensemble des provinces (4) et Communes (31) de la Région.

L'atelier de cadrage: qui a permis d'échanger sur le contenu de la mission, et principalement sur la méthodologie et le plan de travail; il a permis, également, de préciser et clarifier toutes les attentes de la mission, les rôles et les responsabilités des acteurs, de solliciter tout appui pour le bon déroulement de la mission et, enfin, de préciser la liste des groupes cibles, objets de l'enquête (Gouverneur, Hauts Commissaires, Préfets, collectivités territoriales, autorités coutumières et religieuses, organisations socioprofessionnelles, services déconcentrés de l'Etat, projets et programmes intervenant dans le ressort régional, ONG et associations de la Région, populations (femmes, jeunes, hommes...), responsables des partis politiques.

Le lancement officiel: qui a mobilisé une très grande partie de la population venue non seulement des différentes provinces et Communes de la Région, mais aussi de plusieurs villes du Burkina Faso. Il a été l'occasion de situer les enjeux du Plan pour la Région. Ce lancement a été présidé par le Ministre de l'Administration Territoriale et de la Décentralisation (MATD) qui avait à ses côtés plusieurs personnalités politiques et des partenaires techniques et financiers (Ministre des Transports, Ministre de l'Environnement et du Cadre de vie, Ministre chargé des relations avec le Parlement, Gouverneur de la Région du Nord, Président du Conseil Régional, Représentant Résident du FENU, etc.).

Pour la phase de diagnostic, les données ont été collectées à partir de deux sources: les données primaires recueillies à l'aide d'entretiens individuels ou de groupe et les données secondaires obtenues à partir de l'exploitation de la documentation existante dans les services administratifs, les projets, programmes, ONG etc. tant dans la Région qu'à Ouagadougou.

La collecte des données s'est faite à plusieurs niveaux: Commune, Région, auprès de personnes-ressources, dans les services déconcentrés et auprès des structures intervenant dans la Région (ONG, Projets, Programmes et autres partenaires au développement) à toutes les échelles.
Un soin particulier a été accordé à la couverture des différents secteurs et à l'expression effective

des opinions et attentes des acteurs: milieu physique, milieu humain et socioculturel, milieu rural, mais aussi systèmes de production, secteurs économiques autres, facteurs de structuration de l'espace, équipements et services, dynamique de développement local. Chacune de ces thématiques a été traitée en mettant en exergue les résultats des diagnostics en termes de forces, de faiblesses, d'opportunités et de menaces. En termes d'échantillonnage, tous les services et donc tous les secteurs ont été couverts. Les personnes-ressources et acteurs autres que les services ont été choisis en veillant à ce que tous les groupes d'acteurs soient bien représentés: organisations de la société civile (en particulier les associations de producteurs) et conseils municipaux (dans les Communes rurales qui sont au nombre de vingt sept), Gouverneur de Région, Hauts commissaires, représentant du médiateur du Faso, roi du Yatenga, Conseil Régional, mouvement de droits humains. Pour le choix des organisations de la société civile ayant le même profil (notamment les producteurs et les syndicats), les critères de la visibilité et de la disponibilité au moment de l'enquête ont prévalu quand il n'a pas été matériellement possible d'organiser des focus group. Pour les conseils municipaux (des Communes rurales), il a été décidé d'enquêter au moins dans la moitié des Communes (après discussions avec le Conseil Régional). Le choix devait porter en priorité sur la Commune rurale la plus importante du point de vue démographique, économique et historique (après la Commune urbaine).[24] Le choix des autres Communes a été fait en fonction de leur accessibilité. Le diagnostic a permis de collecter des informations pour faciliter la planification des actions de développement. L'analyse s'est focalisée sur la mise en évidence des potentialités et des contraintes de la Région en utilisant des questionnements et des techniques appropriés. Concrètement, la méthode dite SWOT (Success Weakness Opportunities Threats) ou FFOM (Forces, Faiblesses, Opportunités, Menaces) a été utilisée. La triangulation des données et des sources a été utilisée pour enrichir les analyses. *Résultats et défis futurs de la planification et de la concertation* Un progrès important a été fait au Burkina Faso pour ce qui concerne la planification du développement local. Cet aspect est considéré comme une force du pays qui peut s'enorgueillir d'un grand nombre d'améliorations par rapport au passé: les plans locaux des collectivités sont élaborés périodiquement, renouvelés et mis en oeuvre; les organes de concertation sont définis et mis en place; les collectivités réussissent à mobiliser des ressources pour la mise en oeuvre des plans locaux, même si ces ressources sont encore insuffisantes; en outre, il existe un guide national de planification locale décrivant le processus d'élaboration et les acteurs à impliquer; les mécanismes de suivi évaluation sont indiqués dans les plans locaux, mais ne sont pas mis en oeuvre; enfin, les collectivités locales commencent à mobiliser d'importantes ressources à travers la coopération décentralisée. Malgré ces progrès, il y a des lacunes importantes en particulier pour ce qui concerne le système de consultation qui vise à impliquer tous les acteurs locaux du développement et pour ce qui concerne l'aspect économique de la mise en oeuvre des plans de développement local. Voici les principaux Points faibles que l'on a pu identifier:

- Le processus d'élaboration des plans locaux est court et ne permet pas d'animer un processus permettant aux différentes couches de la communauté de participer comme il le faudrait et de faire valoir leurs préoccupations. A cet égard, il faut noter que les organes de concertations ne jouent pas encore efficacement leur rôle.

- Le niveau de réalisation des plans locaux des collectivités est très faible, suivant en cela la faible capacité de mobilisation de ressources financières. Ces lacunes sont également dues au fait que les budgets des plans locaux sont très peu réalistes au regard des capacités de mobilisation financière des collectivités.

- L'absence ou la faible efficacité des dispositifs de suivi évaluation ne permet pas une bonne capitalisation de la mise en oeuvre des plans locaux. Sur la base de ce constat, les principaux défis à la planification locale et à la concertation peuvent etre résumés de la façon suivante:

- Réussir un processus de planification locale qui prend en compte les préoccupations réelles de l'ensemble des composantes de la communauté.

- Réussir une planification réaliste qui tient compte des capacités réelles de mobilisation de ressources des collectivités.

- Travailler à décliner des relations de type hiérarchique entre les collectivités aux différents niveaux (Région et Commune) de façon à rendre plus visibles les activités de la coopération décentralisée.

- Harmoniser les plans des différentes collectivités (Région et Communes) aux différents niveaux.

- Améliorer l'accessibilité aux données et informations sur les interventions de la coopération décentralisée de façon à les relier aux plans locaux de développement.

- Clarifier et renforcer les cadres d'échanges afin de renforcer la mobilisation des ressources nécessaires à la mise en oeuvre des plans locaux de développement.

Quel rôle pour la coopération décentralisée?

Le défi majeur qui se présente à ce stade, concerne la coordination de l'action de la coopération décentralisée afin d'éviter la duplication des interventions de développement local. La grande difficulté qu'on peut relever ici est l'absence d'une relation hiérarchique entre la Commune et la Région, ce qui rend difficile la capitalisation par la Région de ce tout ce qui se fait au niveau des Communes. Le problème de la coordination de la coopération décentralisée avec les acteurs locaux provient, en fait, du manque de légitimité de la Région pour gérer et coordonner les relations extérieures des Communes qui relèvent du territoire régional. A titre d'exemple, un maire de Commune qui se rend en mission hors de son pays ne s'adresse pas à la Région. Son ordre de mission est directement traité par le Ministère. Si par exemple, les ordres de mission des maires étaient visés obligatoirement par le Conseil Régional, cela permettrait déjà dans un premier temps à la Région d'avoir une vue sur le mouvement des maires et suivre et comprendre progressivement les effets de la coopération décentralisée. Enfin, on peut remarquer que la coopération décentralisée, par sa nature, n'est pas encore bien articulée avec les organes de la décentralisation que sont les institutions municipales ou régionales. En effet, on perçoit les effets de la coopération décentralisée surtout dans les échanges de relations interpersonnelles et en matière de participation à la mise en oeuvre opérationnelle d'actions de développement. Lorsque l'on parle donc de l'appui à la décentralisation, les effets de la coopération décentralisée restent encore peu visibles. L'intersection entre la coopération décentralisée et la planification locale est encore très faible pour les raisons suivantes:

- Absence d'une bonne connaissance/maitrise des interventions de la coopération décentralisée

- Il n'y a pas de relation de type hiérarchique entre les collectivités aux différents niveaux (Région et Commune)

- La communication d'informations sur les possibilités que peut offrir la coopération décentralisée est insuffisante à tous les niveaux.

Afin de pallier cette situation, l'existence de deux importantes associations a été mis en évidence au niveau régional: il s'agit de l'Association des Municipalités du Burkina Faso (AMBF) et l'Association des Régions du Burkina Faso (ARBF), qui pourraient faciliter l'échange d'informations et la concertation entre les autorités locales dans le domaine de la planification et de la coopération régionale. L'AMBF a établi l'état des lieux des initiatives de coopération décentralisée au Burkina Faso; sa mise à jour purrait donner lieu à une base de données. De plus, la création de 13 Agences Régionales de développement est en discussion; elles seront chargées, entre autres, de promouvoir l'échange d'informations interinstitutionnelles en cours au Burkina Faso. Le chemin vers un processus de décentralisation administrative efficace au Burkina Faso est encore long et plein d'obstacles. La coopération décentralisée, même si elle reste liée à des réformes institutionnelles en liaison directe avec les différentes réalités régionales, peut être un facteur extérieur important pour améliorer la gouvernance locale.

NOTES

19 *Lois 03, 04, 05, 05, 06 et 07 /ADP du 1993: Organisation de l'administration du territoire, Organisation municipale, Statut particulier de la province du Kadiogo et de la Commune de Ouagadougou, Statut particulier de la Commune de Bobo-Dioulasso, Régime électoral des conseillers de village, de secteur communal, de département et de province.*

20 *Le PNGT2 est financé par la Banque Mondiale, FIDA, DANIDA et PNUD.*

21 *Des quatre Régions concernées par le projet, seule celle des Hauts Bassins connait de nos jours la mise en place de son ARD. Les trois autres Régions l'attendent encore.*

22 *Chargée de donner son avis sur tous les schémas d'aménagement concernant la Région.*

23 *A la responsabilité de dynamiser la concertation au niveau régional, de promouvoir le partenariat et l'harmonisation des approches et des outils de développement au niveau régional et d'assurer la cohérence des interventions et leur complémentarité.*

24 *Tous les conseils des Communes urbaines devaient être enquêtés d'office.*

Les auteurs

VALERIA SAGGIOMO

Enseigne Coopération Internationale et d'aide au développement à l'Université "L'Orientale" de Naples, chercheur au CeSPI de Rome et consultant libre en projets, monitoring et évaluation de programmes de développement; Valeria Saggiomo a travaillé pour des ONG, les Nations Unies et des bureaux de coopération en Afrique et en Italie.

MAGUEYE THIANE

Planificateur – Spécialisé dans la gestion des organisations et Entreprises. Fonctionnaire au Ministère du Plan, Direction de la Planification Territoriale et Consultant Local associé au CeSPI en 2013-2014.

MAKHA SARR

Secrétaire d'administration financière (SAF); de Mars 2004 à Mai 2009, a été Chef de la Division Administrative et Financière (DAF) de la Région de Louga; depuis deux ans et demi Makha Sarr est le Conseiller technique de la Région de Louga dans le cadre du Projet «l'Approche territoriale régionale: un espace optimal de mise en oeuvre des principes de l'efficacité de l'aide». Bonne connaissance et expérience en décentralisation (stage à l'Université III Jean Moulin de Lyon en France en 2007) et planification participative des projets de développement.

FABIO LONGOBARDI

Expert en Décentralisation et Coopération Décentralisée auprès de l'UTL de Dakar et Conseiller Technique du Programme Connaissance Innovatrice et Développement Local – CIDEL, Fabio Longobardi a travaillé à partir de 2005 pour la Coopération au Développement en Tanzanie, au Sénégal et en Mozambique et pour l'organisation des Secours d'Urgence lors des inondations de 2011-12 au Pakistan et de la crise syrienne en Jordanie.

OUMAR WADE

Coordinateur de la Cellule de Planification et d'Evaluation Technique des Projets et Programmes du Ministère de l'Aménagement du Territoire et des Collectivités Locales, de même que Coordinateur du Programme CIDEL, Oumar Wade a travaillé comme Spécialiste en décentralisation et développement local à l'UNCDF et comme Chargé de Programme à l'UNDP.

ADAMA BELEMVIRÈ

Ingénieur du Développement Rural, Coordonnateur des Programmes du Cabinet «Etudes Action Conseils» depuis 2000. Il a une très bonne expérience et connaissance en planification et développement local, et dans la formulation et l'évaluation de projets. Bonne connaissance de la recherche action paysanne en Afrique de l'Ouest et du Centre.

CeSPI *(Centre d'études politiques internationales) est une organisation indépendante, sans but lucratif, fondée en 1985. CeSPI réalise des études et des recherches policy-oriented. Il siège à Rome, dans deux anciens bâtiments du centre historique. Le Centre mène des activité de recherche, conseil, formation et diffusion de certaines questions centrales des relations internationales.*

www.cespi.it